図解 ワイン一年生

日本ソムリエ協会認定ソムリエ
小久保尊
山田コロ イラスト

sanctuary books

はじめに

Préface

ワインを〝勘〟で選んでいるあなたへ。

ワインは嫌いじゃない。

飲み屋でワインを注文することも、スーパーやデパートのワイン売り場に足を運ぶこともある。

でもラベルをながめてみても、一体なにが書いてあるのか解読不能……。

フランス、ドイツ、イタリア、チリ……国による味の違いがまったくわからない。

（千円のワインに比べて二千円のワインは、二倍おいしいの？）

値段の違いによる、価値の違いも見いだせない。

（か、軽めのやつで。あ、あんまり甘くないやつ）

店員さんやソムリエにワインの好みを聞かれても、戸惑うばかり。

（「金賞」「売れてます」って書いてあるから、これでいいか〜）

だから結局、いつもお店のおすすめＰＯＰがついていたり、ワゴンセールされているものの中から適当に選んでいる――。

わりとお酒が好きで長年飲んでいる人でも、〝ワイン〟とはそんな関係を続けている人が多いのではないでしょうか。

そんな人のために、この本は生まれました。

この本は生粋のアニメオタクからワインソムリエになり、いまは小さなワイン酒場のオーナーソムリエをつとめる筆者が、〝ワイン〟という西洋絵画のように複雑でとらえどころのない存在を、まるで八ビットのドット絵のように、オタク目線でおおざっぱに単純化して説明した、「ワインのことがなんとなくわかった気になる」ワイン入門書です。

ワインなんて世界中どこでも、日常的に飲まれてるもの。

なんなら「お水」よりも安いものだってたくさん存在します。そもそもぶどうは最初から糖分が高いものなので、ほうっておけば酒になる。水分があって糖分があって、偶然、勝手にワインができていたのを猿が飲んでいたみたいな、そんな程度のものです。

だから本来、難しい知識が必要だったり、ハードルが高いものであるはずがないんです。

それでも「ワインってなんかとっつきにくい」印象があるのは、偉い専門家の方々が書いている入門書やガイドブックが、どれも「ちゃんとしすぎている」からではないでしょうか。

筆者も、ワインガイドブックに書かれていることの半分の知識も持ち合わせていません。必要ないからです。でも、うちのお店に飲みにくるお客さんに、ワインの魅力を語る上で困ったことはありません。

ワインの世界を理解するために必要なのは、正しい知識や歴史的背景ではなく〝ときめき〟だからです。

筆者はこの〝ときめき〟を伝えるために、全力を尽くしたいと思います。ときめくポイントさえわかれば、〝普通のワインガイドブック〟の内容を楽に理解できるようになります。この本はいわば、「ワインガイドブックのためのワインガイドブック」のようなものなのです。

そもそもワインの味というものは難しいのでしょうか。

うちのお店にくるお客さんの中には、「他のお酒には好みがあるが、ワインの違いだけはよくわからない」という方がたくさんいらっしゃいます。

なぜでしょうか。

ソムリエの資格を持つ筆者も、**味覚についてはまったく自信ありません。**実はビールと発泡酒、第三のビールの違いもわからないし、食べ物はなんでも「塩辛ければおいしい」と思っています。彼女の手料理を絶賛したら、インスタントだったなんてこともあります。

そんな筆者でも「ワインの味はどれも全然違うよ！」と断言できるのです。

たしかにワインは非常に種類が多いです。世界には何十万種類もあるともいわれています。

それでも**「主要キャラの特徴」**さえつかめば、**ワインの違いはちゃんと楽しめる**ようになります。

シリーズ途中から観はじめたアニメは、なかなかその世界に入っていけないものですが、主要キャラの性格や役割、お互いの関係などを知るうちに、だんだん全体像が見えてきます。

ワインに広がっている世界も、おおよそ、その雰囲気に似ているのです。

ワインにもちゃんと〝主要キャラ〟がいます。やがてその〝主要キャラ〟の性格がわかってくると、ただお店にずらずらと並んでいたワインボトルたちが突然、あたかもお気に入りアニメのフィギュアに化けたかのごとく、きらきらと輝きはじめます。そして一本一本に対しての愛情と、親しみと、興奮がわきあがってきます。そうなってくるともう、うざがられるのを承知で、周囲の人たちに語り倒したくなってきます。


なにより筆者の思うワインの最大の魅力は、**飲み手の人生の経験値がそのままワインの味に反映されること**です。

たとえば筆者が二十歳の頃、たまたま【ラ・ターシュ】という高級ワインを飲ませていただく機会に恵まれたのですが、感想は正直「なんかすげえ感じするけど、よくわかんないや」でした。

ああ、なんてもったいないことをしたんだろう！

一本ウン万円もするワインを、「わかんないや」で切り捨てた筆者のバカ！　です。

でも仕方ありません。ハイクラスのワインは、万人に「おいしい」わけではなく飲み手のレベルを求めます。

当時の筆者にとって、ラ・ターシュはあまりにも早すぎました。ファミレスの安ワインで十分満足だったのです。

そんな筆者でも、二店舗の飲み屋を七転八倒しながら経営し、人生の酸いも甘いも噛み分けつつある現在ならば、ラ・ターシュより数段格下のワインを飲んでも、もう三日三晩ぼーっとしてしまうほど感動することができます。

なぜそこまで感動できるのかうまく表現はできません。

ただ優れたワインなら優れたワインほど、それを飲んだ人の人生に刻まれた記憶を、たくさん蘇らせてくれるような気がするのです。


いろいろ勝手なことを申し上げましたが、長い人生、ワインを知らずに過ごしても、なんの問題もないでしょう。

それでも、もっと知ってほしいと思うのはなぜか?

それは知ってると、おしゃれじゃない?　ってことです。

(今日は久しぶりの仲間が集まるから、テンプラニーリョで盛り上がろう!)

ワイン売り場で、飲みたいワインを迷わず選べるようになったり……。

（二〇〇九年の【シャトー・カロン・セギュール】なら、さすがにこれくらいするよなー）


ワインの値段の価値がわかるようになったり……。

（ちょっと口の中をすっきりさせたいから、次はソーヴィニヨン・ブランで）

ワインバーで、ちょっと好みを言えるようになったり……。

（ペッパーチキンと、オーストラリアのシラーズを合わせよう！）

ワインをその日の気分や食べる物に合わせて選べるようになったり……。

ときどきそんな瞬間が訪れるたびに、自分のことを「おしゃれかも」と思えたりして、なかなか楽しいものです。


ぜひ一度、ワインの世界に足を踏み入れてみてください。

その小さな一歩が、人生をより複雑でややこしく、そしてちょっとだけ素敵なものにしてくれるはずです。

ワイン一年生

目次

Contenus

Contenus

第2章

旧世界

Contenus

第3章 新世界

登場キャラクター紹介

転入生

味覚も収入も平均的なサラリーマン。人に頼られると断れない性格。

ナルロー

赤

おっとりまったりお姉さま。渋味《タンニン》、酸味がひかえめでまろやか。

店員さん

ワインショップ店主、兼ワインスクール教師。ワインの普及活動のため、客を軟禁状態にすることも。

カベルネ・フラン

赤

みんなをサポートする名脇役。他の品種にブレンドされると「上品さ」が加わる。

カベルネ・ソーヴィニヨン

赤

どんな役目もきっちりこなす優等生。渋味《タンニン》が豊富な赤ワインの王道。

シャルドネ

白

人懐こい、みんなのアイドル。産地や造り手によって味が大きく変わる。

シラー

赤

元気でやんちゃな、みんなのムードメーカー。スパイシーで、重厚な味わい。

ピノ・ノワール

赤

人を寄せつけない気品と美しさ。薔薇の香りに、赤いフルーツの味わい。

ヴィオニエ

白

ほわほわ、天然イケメン。白い花のような香りと、独特なフルーティーさがたまらない。

ガメイ

赤

無邪気なわがまま娘。ボージョレでおなじみ、いちごの香りの早飲みタイプ。

グルナッシュ

赤

あか抜けない田舎っ娘だが、将来性は無限大。いちごジャムや黒コショウの香り。

ピノ・ムニエ

赤
白

ピノ・ノワールも一目置く孤高の美しさ。シャンパンの隠れた主役でもある。

ルーサンヌ

白

いつもマルサンヌを助けているお世話役。ハチミツやあんずのような繊細な香り。

ピノ・グリ

白

ミステリアスな魅力の二面性がある。イタリアでは“すっきり”、フランスでは“重厚”になる。

マルサンヌ

白

病気がちで家から出られず、ドギツいオタクに。酸味は少ないが、実は豊かな香りがある。

ゲヴュルツトラミネール

白

派手系のものならなんでも好きなギャル。ライチや香水のような独特の強い香り。

リースリング

白

わかりやすいツンデレ娘。キリッとした辛口や、酸味とのバランスが良い甘口になる。

ミュスカデ

白

いつも服が汚れている、さわやかドジ男。なじみやすく、シンプルですっきりした味わい。

モスカート

白

かわいい弟タイプだが、実は腹黒かも。甘い香りと味わいで、若い女性に大人気。

ソーヴィニヨン・ブラン

白

素直で、クールな天然美少女。ハーブやグレープフルーツの爽やか系フレーバー。

サンジョベーゼ

赤

「キャンティ」でおなじみ、芯の強いリーダータイプ。渋味《タンニン》と酸味のバランスにすぐれる。

シュナン・ブラン

白

目立ちたくないのに、逆に目立ってしまう変な子。どこも突出したところがない不思議な味わい。

ネッビオーロ

赤

「バローロ」で知られる世間知らずの王子様。長期熟成に耐えられる、重厚でふくよかな味わい。

カリニャン

赤

最近、更生することができた元ヤンキー。タバコやチョコの香りと、熟した果実の味わい。

ミュラー・トゥルガウ

白

地味で目立たないが、みんなから慕われる影の実力者。奇をてらわないまっすぐな味わい。

トロンテス

白

見た目は完全に女の子だが、彼はいわゆる男の娘。まるでフルーツヨーグルトのような甘い香り。

シルヴァーナ

白

いつもリースリングに出し抜かれてしまう女子。酸味の強いぶどうを、中和できるまろやかさ。

甲州

白

シャイで口数の少ない、美しき大和撫子。和食にも合わせやすい、品の良い香りと味。

マルベック

赤

見た目はゴツいが中身は乙《おと》メン。カシスやスミレの香りとバランスの良い渋味《タンニン》。

マスカット・ベーリーA

赤

シャイな甲州をひっぱる元気っ娘。ほのかにただよう黒蜜と赤い果実のフレーバー。

ジンファンデル

赤

ダイナミックで、気のいいアネゴ肌。凝縮されたパワフルな果実味でみんなを圧倒する。

ピノタージュ

赤

南国出身だから寒いのが苦手な踊り子。野性味あふれるジューシーさが魅力。

カルナネール

赤

ひたすら食いしん坊なマイペース男子。まったりフルーティーで、渋味《タンニン》ひかえめ。

セミヨン

白

つい守ってあげたくなる天然ドジっ娘。口当たりがやわらかくなめらかで酸味はひかえめ。

サンソー

赤

夏の観光地が似合いそうな健康女子。桃やいちごのさわやかな香りをふりまく。

テンプラニーリョ

赤

キザで情熱的なダテ男。プラムやダークチェリーなど、黒系フルーツの力強い香り。

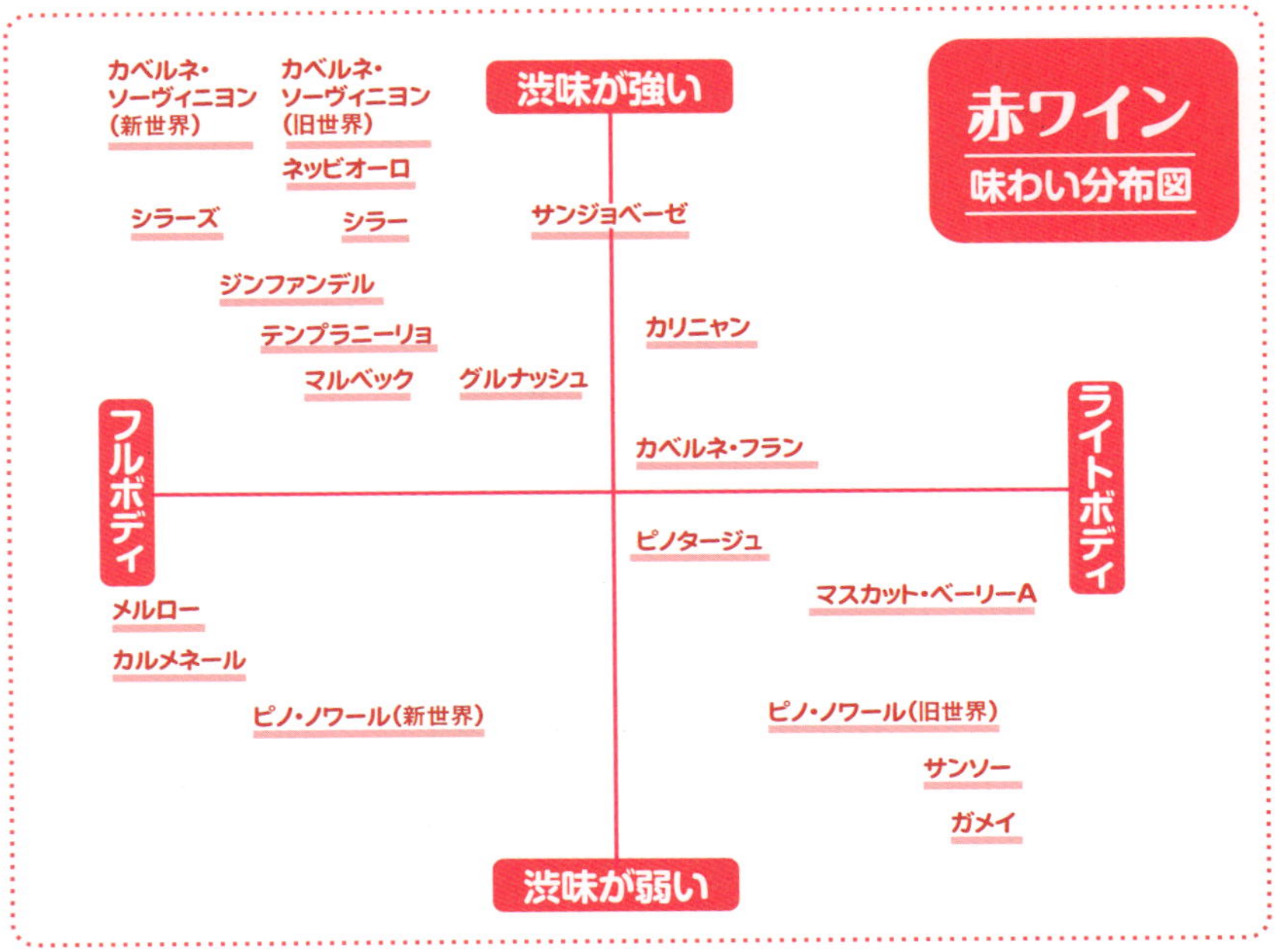
赤ワイン
味わい分布図
渋味が強い
渋味が弱い
フルボディ
ライトボディ
カベルネ・ソーヴィニヨン（新世界）
カベルネ・ソーヴィニヨン（旧世界）
ネッビオーロ
シラーズ
シラー
サンジョベーゼ
ジンファンデル
テンプラニーリョ
カリニャン
マルベック
グルナッシュ
カベルネ・フラン
ピノタージュ
マスカット・ベーリーA
メルロー
カルメネール
ピノ・ノワール（新世界）
ピノ・ノワール（旧世界）
サンソー
ガメイ

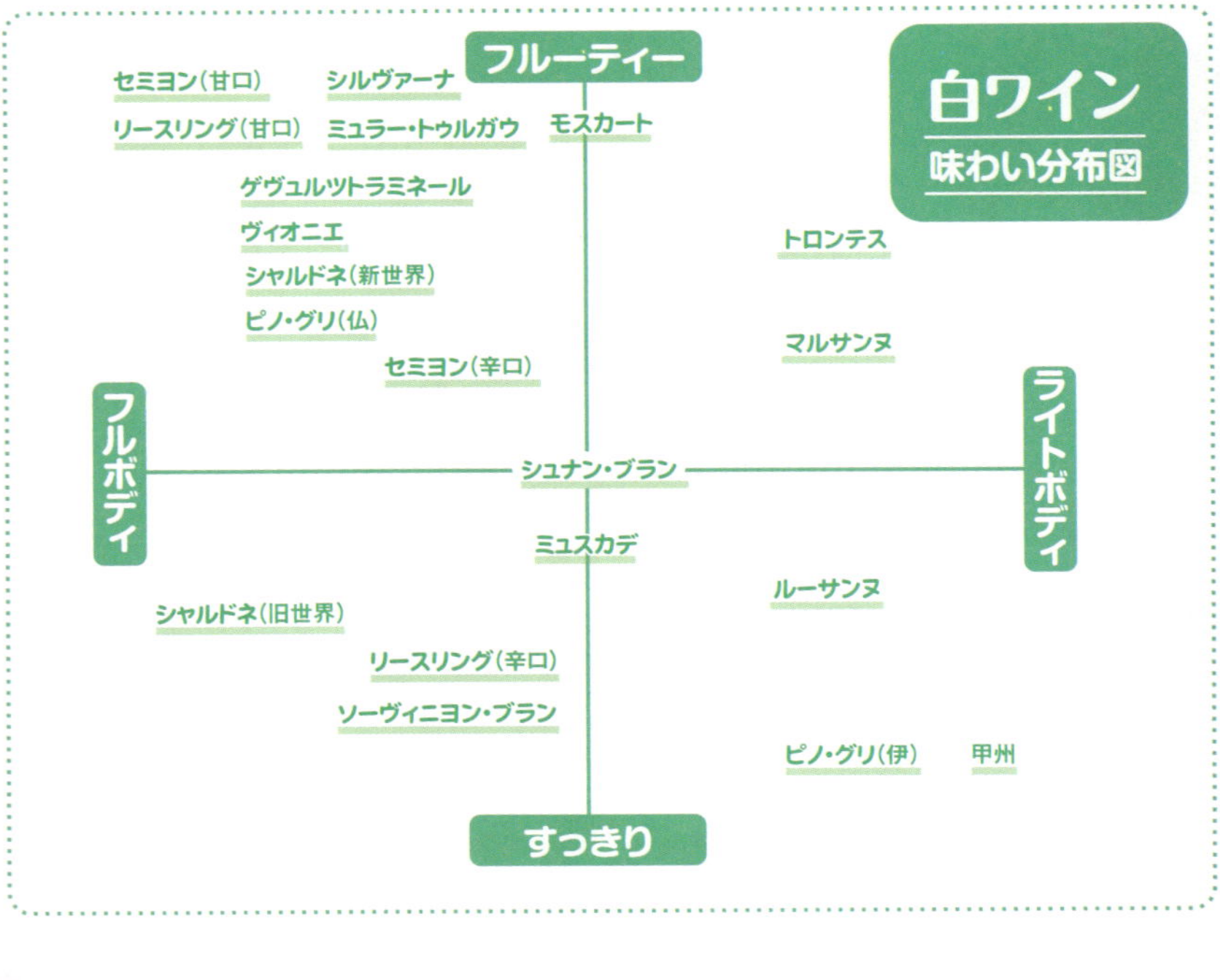
白ワイン
味わい分布図
フルーティー
すっきり
フルボディ
ライトボディ
セミヨン（甘口）
シルヴァーナ
リースリング（甘口）
ミュラー・トゥルガウ
モスカート
ゲヴュルツトラミネール
ヴィオニエ
トロンテス
シャルドネ（新世界）
ピノ・グリ（仏）
マルサンヌ
セミヨン（辛口）
シュナン・ブラン
ミュスカデ
ルーサンヌ
シャルドネ（旧世界）
リースリング（辛口）
ソーヴィニヨン・ブラン
ピノ・グリ（伊）
甲州

ワイン一年生

プロローグ

Prologue

ウィーン
いらっしゃいませーっ
ずらっ
うわっ いっぱいあるな～
今夜のもちよりパーティーさ、オレつまみ用意するからお前はワイン買ってきて!! 高くなくていいからウマいやつ
大学時代の友人
はー…
断りきれなくてOKしちゃったけど…
しかもウチでって
ウマいやつって言ってもワインなんてどれも同じじゃん…
キョロ
面倒くさい… どれでもいいや…
オススメ!
これでいいか
オススメってあるし
お客様っ

今日入荷した赤ワインの試飲です
よかったらいかがですか～？お値段もお手頃なんですよ
はぁ…
ワイングラス…
どうぞ～
…じゃあいただきます…
ぐび
ごっくん
よくわかんないけど
いかがですか？
おいしい…気がします…じゃあこれ
くら
あ…
くだ
さ…
ばたん…
フフ…

ん・・・
んむ・・・
はっ
がば
ばっ
寝坊した！遅刻する！
キョロキョロ
・・・？あれ・・・
あっ 目が覚めましたか？
・・・さっきの店員さん
おはようございます
よく眠ってらっしゃいましたよ
えっ!? す、すみません！
・・・あのここは・・・
全然
大丈夫ですよ
ここは店に併設されているワインスクールです
っていうか外明るいってことは朝!? か 帰ります！
ご迷惑かけてすみませんでした！
あっ ゆっくりしてもらって大丈夫ですよ！
バタ
ちこくだぁぁぁ
どっちにしろ・・・
ぐっ

キーンコーンカーン
しばらくは帰れませんし。
が学校…?
?
??
あっ！あの試飲のワインになんか入れたんでしょ!?
僕誘拐されたんですか!? そうなんですよね!?
そんな！誤解です！
ぎゃいぎゃい
手荒な真似したことは謝ります…！やむにやまれぬ事情があって…
人をさらっといてどんな事情ですか
イラッ
パチンッ
ぼおおおおん
うわあああああ!?
今…ワイン界は衰退の一途をたどっています…それをあなたに救ってほしいのです…
は？ワイン界？
何の話!?

お察しの通り…ここは人間の世界ではありません
キーンコーーン
そうなの!?
ワインの原料となるぶどうたちがひとの姿で生きている世界…
さっきの生徒たちも実は「ぶどう」なのです
はい!?
この世界は古くから「人間のワインへ注ぐ愛情」によって成り立っているのですが
昔
愛情
元気!!
最近
ポツン…
げっそり
その力が年々弱まってきているのです
…よくわかんないですけど…その力ってのが弱まってなくなるとどうなるんですか?
話についていけない…
私たちは衰退しいずれは滅びます
…!そんな…
滅亡を避けるため…ワイン界の一員である私はショップの店員としてワインを広める活動をしているのです…

お願いします！少しでもワインを知ってワインを好きになってくれませんか!?
この世界を救うと思って…！
…！
わかり…ました！そういうことなら…
いいんですか？やったあ！そしたらさっそく講義をはじめましょう！
ぱぁん
変わり身はやすぎる
…また今度ということで…その前に僕会社なんで…
帰ります
この世界にいる間時間は進みませんから大丈夫ですよぉ！
…って出て行っちゃった
ちゃんとワインについてわかってもらうまでこの世界からは出られないんだけどなあ…
ガサ
ガサ
お…おかしい
ハァ
ハァ
ここどこーッ!?

いやー無事でよかったー
では
はじめましょうか!
げっそり…
3日間 遭難してた
ハイ…

第1章

ワインの基本

Le début du vin

おいしさ

goût

「子どもおいしい」からはじめて、「大人おいしい」をめざす。

ワインは嗜好品です。

だから「おいしい」か「まずい」かは、個人の好き嫌いに大きく左右されると思います。

ただ、もしもワインの「おいしい」を定義するならば、「バランスがいいワイン」ということです。

つまり酸味が強すぎるとか、甘すぎるとか、果実味がくどすぎるとか、〝すぎる〟ところがない。なにかの味が出っ張っていたり、凹んだりしていないワインです。

だからワインに対する味覚にいまいち自信が持てない人でも、（酸っぱいな）とか（甘ったるいな）などと感じることなく、自然でバランスが良いと感じたら、「おいしいね」と言っていいと思います。

ただ、一口に「おいしい」といっても、**「おいしい」には段階があります。**その事実がワインを飲む人たちに、やや緊張感を持たせているようです。

味覚というものは、年齢を重ねていく過程でどんどん変わっていくものですよね。たとえば小学生の頃はハンバーグやグラタンのような「わかりやすくおいしいもの」で満足していた人も、大人になってからはあん肝だったり、しめ鯖だったり、酢の物だったり、「わかりにくくおいしいもの」を好むようになる人も多いかと思います。

ワインにも同様に「わかりやすくおいしいワイン」と「わかりにくくおいしいワイン」があります。

「わかりやすくおいしいワイン」は、子どもでもおいしさがわかりそうな感じ（飲ませちゃダメですが）で、つまりジュースっぽかったり、ちょっと甘かったりするわけですが、一般的な傾向として「わかりやすくおいしいワイン」の価格はリーズナブルです。

反対に、舌の経験値をある程度積まなければ良さがわからない「わかりにくくおいしいワイン」というのは、たいてい高級ワインの部類に入ります。つまりビギナーがいきなり飲んでも、そのワインの良さがよくわからなくて、もったいない。二十歳のときに訳もわからず【ラ・ターシュ】を口にした筆者と同じ状態になります。

つまり、ワインに慣れていない人は、たいていジュースっぽい、やや甘い「わかりやすくおいしいワイン」を、おいしいって感じます。

そこからどんどんはまっていくと、やがておいしいと感じる好みのワインがより複雑で、繊細なものに変わっていきます（もちろん世の中には、難しいワインをはじめから「おいしい」と感じられる天才的な舌を持った人もいると思いますが）。

ときどき、有名な高級シャンパンの【ドン・ペリニヨン】とかを、平気で「おいしくない」って言う人がいます。そんなはずはありません。おいしいです。〝シャンパン〟って書いてある時点でほぼ確実においしいものなのですよ。

だって〝シャンパン〟と名乗るには、丁寧に丁寧に造って、シャンパンの番人たちが作った厳しい基準をクリアしなければいけないからです。

それでも「ドンペリの味なんてたいしたことないよ」と言ってのけてしまう人は、おそらく〝ジュース的においしいのが好き〟な人なんですね。

もちろん先ほども申し上げた通り、ワインは嗜好品なので、なにをおいしいと感じるかには個人差があります。

それでも舌の経験値は影響します。だからはじめは無理をして高いワインを買おうとせず、安価でジュース的においしいワインから飲みはじめる。それから「ジュース的においしい」ワインだと物足りなく感じてきた頃に、「わかりにくくおいしいワイン」を探しはじめたらいいと思います。

ただ筆者も職業柄いろんなワインを飲んできましたが、発作的に「ジュース的においしい」ワインを飲みたくなるときがあります。つまるところ、おいしければなんでもいいし、「おいしい」に優劣はないと思うのです。

Point 「好み」よりも、「経験」によって味覚が変わる。

ワインのベタ

élémentaire

四種類の「王道《ベタ》」を飲んでみる。

ワインにとっての「まずはこれ」というド定番。

それはもう誰がなんと言おうと、**フランスワインの〝ボルドーの赤〟**と**〝ブルゴーニュの赤〟**になります。

「ボルドー」と「ブルゴーニュ」という名称は、どちらも月桂冠やスーパードライのような商品名ではなく、ボルドー氏の作品でも、ブルゴーニュ醸造所で造られたワインでもなく、**フランスにある「地方」**をさししめします。

日本でたとえるなら、さしずめ東北地方とか近畿地方みたいなものです。

けっこう大きな範囲でとらえた名称なので、当然のことながら、ひとくちに〝ボルドーワイン〟〝ブルゴーニュワイン〟といっても価格やクオリティはピンきりです。

ですがこの二種類は全ワインにとっての基準になっているので、あまり深くは考えずに、お互いの味の違いを舌に記憶させてみましょう。

同じ赤ワインでありながら、**ボルドーの味はかなりがっしり**としていて、**ブルゴーニュの味はかなり軽め**なのですが、べろべろに酔っ払っていたりしない限り、明らかに別物だと感じられるはずです。

これがワイン飲みの超基本型となります。「うーん、次はボルドー飲もうかなー、それともブルゴーニュかなー」と悩む人は、どこからどう見ても立派な「ワインで真剣に悩んでいる人」です。いままで「赤かなー？　白かなー？」という選択肢しかなかった人にとっては大きな進歩でしょう。

ちなみに**ボルドーのワインの特徴は、タンニン（＝渋味）が強いこと**です。ボルドーのワインを飲んだら、ためしに「タンニンが強いね」とつぶやいてみてください。その光景をワインを知らない人が見れば（この人はワイン通なんだな）と感心してもらえるかもしれませんし、ワインを知っている人が見れば（この人はなに当たり前のことを言ってるんだ）と怪しまれるかもしれません。

いずれにしても、覚えたばかりのワイン用語を**通っぽく口に出してみる**ことは、気分を盛り上げるために、けっこう重要なことだと筆者は思います。

赤ワインの二大定番の味の違いがわかったら、次は白ワインの二大定番にいきましょう。

白ワインをわかった気になるためには、まず「辛口」「甘口」の違いを〝正確に〟知ることです。

というのも、たとえば過去にうっかり「すんげえ甘い白ワイン」を飲んじゃった人が、「私は辛口の白が好き」と思い込んでいたり、偶然「すんげえ酸っぱい白ワイン」に当たっちゃった人が、「白ワインは甘口に限る」と思い込んでいたりするからです。

そこでまずは当たり外れの少ない、**辛口の〝ブルゴーニュの白〟と、やや甘口の〝リースリング〟**を選んでみてください。

〝ブルゴーニュの白〟はなにを選んでもいいのですが、**めちゃめちゃ有名なのはシャブリ**ですね。

ワインを置いてあるところなら、シャブリはたいていどこにでもあります。メジャーになりすぎたばかりに大量生産されて、じつは味もピンきりなんですが……やっぱりシャブリが「白の辛口」を知る上では、わかりやすいワインだと思います。しかし「シャブリ！」って、なんとなく口に出してみたくなりませんか？　この不思議な音の響きも人気の秘密なのかもしれません。

ちなみにシャブリは、ブルゴーニュ地方のシャブリ地区で造られたワインのことです。強引に日本人的感覚に合わせるとするならば、〝東京都の世田谷区で造られたワイン〟みたいなところでしょうか。

そして甘口の〝リースリング〟。

〝リースリング〟というのは地方の名前ではなく、ぶどうの品種の名前で、ワインを扱うお店の人に「リースリングの甘口をください」と伝えれば、たいてい〝フランスのアルザス〟か、〝ドイツ〟の白ワインが出てくると思います。

飲み比べてみてはいかがでしょうか。同じ白ワインであっても、辛口と甘口とでは、同じ「おいしい」でもおいしさの感じ方が違いませんか。

辛口が「うまっ！」というのに対して、甘口は「うみゃ〜い！」という感じです。あれ？　全然そんな感じしませんか。そうですよね、味覚には個人差がありますから……。

いずれにしても、どっちのおいしさもわかっていると、「この辛口は、シャブリと比べてどうか？」「この甘口は、リースリングと比べてどうか？」というたずね方ができるので、お店の人からは少なくとも（この人は、ワインの好みがあるな）と思ってもらえることでしょう。

ちなみに「アルコール度数が十一％以下」のワインは、かなりの高確率で「甘口」です。糖分が発酵してアルコールになるわけですが、アルコール度数が低いということは、ワインにまだ糖分が残っているということだからです。

Point 味が「けっこう違う」ことを知ろう。

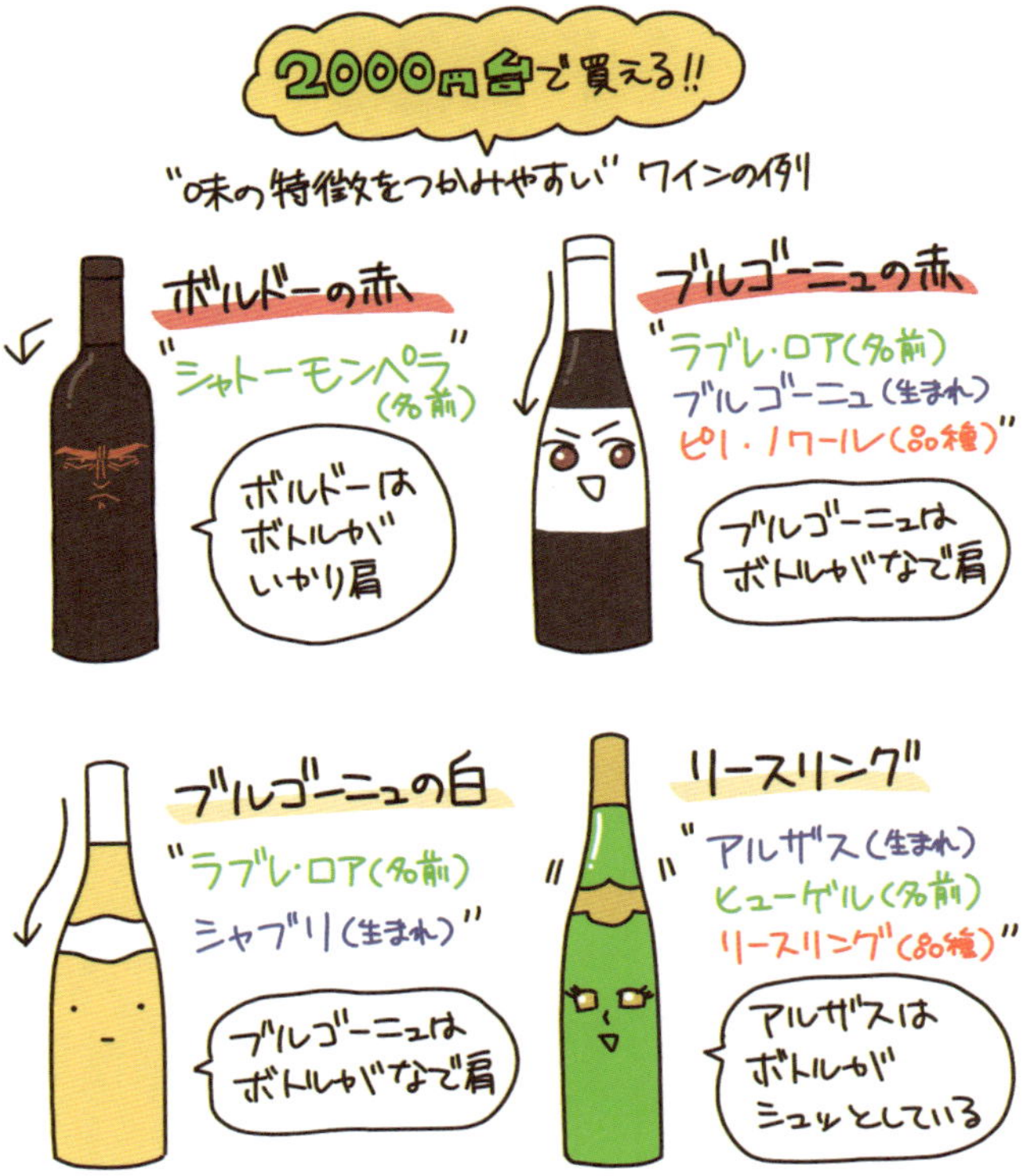
2000円台で買える!!
"味の特徴をつかみやすい"ワインの例
ボルドーの赤
"シャトーモンペラ(名前)"
ボルドーはボトルがいかり肩
ブルゴーニュの赤
"ラブレ・ロア(名前)
ブルゴーニュ(生まれ)
ピノ・ノワール(品種)"
ブルゴーニュはボトルがなで肩
ブルゴーニュの白
"ラブレ・ロア(名前)
シャブリ(生まれ)"
ブルゴーニュはボトルがなで肩
リースリング
"アルザス(生まれ)
ヒューゲル(名前)
リースリング(品種)"
アルザスはボトルがシュッとしている

こんなふうにワインは「名前」「生まれ」「品種」がバラバラに表記されています。

このうち「生まれ」と「品種」さえわかれば、だいたい味の想像がつくようになります。

メジャーな品種

principales variétés

六つの「品種」を飲んでみる。

リンゴやいちごなどと同様
ワインのぶどうにも品種があって
カベルネ・ソーヴィニヨン
メルロー
シャルドネ
リースリング
それぞれに個性があります。
赤のカベルネ・ソーヴィニヨンという品種は
王道感のある重厚なワインになる
しっかり者の優等生タイプです。
白のシャルドネという品種は
産地や造り手に個性を合わせられる
人懐こい、みんなのアイドル。
品種の特徴を想像しながら
ワインを楽しんでいると
これはちょっと気むずかしい
これは活発
自分の好みの品種が見つかりやすいはず!

ワインはとにかく「品種」が命です。

いちごの〝女峰〟や〝とちおとめ〟のように、また、りんごの〝ふじ〟や〝紅玉〟のように、ワインで使われるぶどうにも品種というものが存在していて、**ワインの味は、ほとんどこの〝品種〟によって決定します。**

もちろん、そのぶどうの産地によっても、どこの醸造所で造られたかによっても、醸造家は誰か、造られた年代はいつか、どれだけ丁寧にぶどうをより分けたか、などの様々な条件によっても味は変わってくるものですが、厳密な「おいしい」「まずい」という判断を後回しにするなら、基本的な味のベクトルはこの〝品種〟が決定しています。

だからワインを知る近道はまず、品種の味の特徴を「ぼんやりつかむ」こと。

そんなに難しいことではありません。

品種の数は、世界に数千種類あるともいわれますが、そのトップグループに位置する主要品種というのは、次の六品種しかないからです。

まずは赤のカベルネ・ソーヴィニヨン。

いきなりキター！　まぎれもなく世界中で愛されるワインぶどう界の主人公的存在です。ボルドーにおいては超高級な神ワインにも化けるパワフルボディの優等生でもあります。

つづいてピノ・ノワール。

ブルゴーニュにおける最重要品種です。土地の選り好みが激しい孤高のクイーン。偉大な【ロマネコンティ】をも生み出す高貴で複雑な味わいは、ボクたちワイン〝痛〟たちの心を撃ち抜きすぎです！

そしてナルロー。

カベルネ・ソーヴィニヨンと双璧をなすボルドーの重要キャラです。果実味があるのに、タンニン少なめ。まろやかで丸みのあるふくよかさはまさに美しき女性。そして女性なのに「腐葉土の香り」がするなんて反則……。

お次は白のシャルドネ。

はい、もちろん大好きです。世界中で愛されるスーパーアイドルです。シャブリ、シャンパン、カリフォルニアの白と変幻自在、その土地その土地の風土に見事に染まる真っ白なキャンバス。俺色にも染まって！

さらにリースリング。

ああ愛しのリースリング……。貴腐、アイスワインなど数々の「高級甘口」の金字塔を打ち立てた甘口白の筆頭品種です。もともと酸っぱいからこそ、甘すぎない、おいしい甘口になっちゃうなんてツンデレにもほどがあります。

最後はソーヴィニヨン・ブラン。

ハアアアアン！　青草やハーブの香りで口の中を容赦なく「爽やか」に仕上げる、すっきり白の代表選手です。青い！　青すぎる！　ああ、いっそこのまま君と一緒に長ネギになってしまいたい。

……ハアハア、失礼いたしました。ちょっと取り乱してしまいました。人気キャラすぎるこの六品種が一堂に会することを想像しただけで、興奮が抑えられませんでした。

この六つの品種の味を覚えてしまえば、わりとすぐに好みのワインにたどりつけるようになります。

たとえば、こんなふうにしてみてください。

赤ワインの場合はまず、**カベルネ・ソーヴィニヨン**という品種が使われたワインの味を、飲んでみて舌に記憶させます。**カベルネ・ソーヴィニヨン**という品種は、赤ワインの味の直球ど真ん中だからです。多くの人は「ベタな赤ワインの味」というものをぱっと思い浮かべるとき、きっと**カベルネ・ソーヴィニヨン**の味を想像していることでしょう。

その**カベルネ・ソーヴィニヨン**のことを思い出してみて、**重いかも（濃いかも）という気がしたら、次はピノ・ノワール**という品種を使ったワインを飲んでみます。

反対に**カベルネ・ソーヴィニヨン**の濃厚な味が気に入って、**（もっとこれ系で別のバージョンを飲みたい）と思ったら、次はメルロー**という品種を使ったワインを飲みます。

これで赤ワインの基本的な好みを、だいたいつかんだことになります。

白ワインの場合はまず、**シャルドネ**という品種を使ったワインをよく味わって、舌に記憶させます。

シャルドネは**カベルネ・ソーヴィニヨン**の白バージョンみたいなもので、「ベタな白ワインの味」を想像するとき、だいたい**シャルドネ**の味を想像していると思います。

そのシャルドネを頭の中に思い浮かべてみて、**（もうちょっとフルーティー寄りな味がいい）と思ったら、リースリング**という品種を使ったワインを飲んでみます。

反対に**（もうちょっと〝すっきり〟寄りな味がいい）と思ったらソーヴィニヨン・ブラン**という品種を使ったワインを飲んでみてください。

これで白ワインの好みも、だいたいつかんだことになります。

このように赤の**カベルネ・ソーヴィニヨン**と、白の**シャルドネ**を起点とした、六つの品種のポジションさえ頭に入れておけば、そのときの気分や、食べ物に合わせて、だいたいワインを選ぶことができるようになります。

六つの品種の中には、何度か飲んだことがある品種もあるかもしれません。

でもその品種の特徴を意識したことがないなら、あえてもう一度飲んでみてください。

舌というのは不思議なもので、品種の特徴を意識しながら飲むことによって、その味を探しにいきます。そしてその味を一度捕まえて、舌にインプットすれば、なかなか忘れることができません。ぜひ試してみてください。

Point 2択の先に、無限の選択肢がある。

単一と
ブレンド

simple et mélangés

「単一《たんいつ》」から飲んでみる。

〝六つの品種〟という地図さえ手に入れれば、ワインの世界を冒険できるようになります。

なぜなら世の中に出ているワインの多くに、六つの品種のうちのいずれかが使われているし、もしも知らない品種に出くわしたとしても、「(六つの品種のうち)どの味に近いか?」を店員さんに確認すれば、自分好みのワインに近づくことができるからです。

これでもう安心ですね。

いつも「ワインはどのようなものになさいますか?」というセリフを聞くたびに身を固くし、「やっぱりビールでいいや」と顔をひきつらせていた方にとっては、ものすごい進歩じゃないでしょうか。〝庶民による庶民のためのソムリエ〟を自称している筆者としましては、そういう方のお役に立てることを至上の喜びといたします。

ところが、そう簡単にうまくはいきません。そう簡単にうまくいくなら、そもそもソムリエなんていう職業はこの世から不要になります。ワインというものがそこそこ難しくて、筆者は本当に良かったと思っています。

というのも、実際にワインを買いに行ってみると、ある大きな問題に気がつくのです。

「なんの品種が使われているのかわからない」

そんなワインが、世の中にはいっぱい存在するのです。

もちろんワインのラベルや店頭のPOPなんかに、堂々と「シャルドネ！」「カベルネ・ソーヴィニヨン！」などと記されているワインもあります。でもその一方で、品種が謎のワインというのも、わりと大きな割合を占めるのです。

特に品種が「ブレンド」されたワインの大半は、ラベルに表記がありません。

そして品種がまざってしまうと、相当な経験者じゃないと、どの品種がどの味なのか口の中で判別することは難しくなります。筆者もワインを何口か飲んだ後は舌も麻痺してきて、「君は誰かな?」と首をかしげたままフリーズしてしまうことがよくあります。

だから「ブレンド」の場合は「特定の品種の味を捕まえる」というよりも、国や地域の違いによる、味の違いを楽しむという感じになります。

反対に品種がハッキリと書かれているものは、「単一《たんいつ》」と呼ばれるワインです（ちなみに単一は、〝ヴァラエタルワイン〟とも呼ばれます）。

これは使う品種をだいたい一種類に絞ったワインなのですが、「単一」の場合、使っている品種がシャルドネなら、ラベルに【なんとかかんとかシャルドネ！】とわかりやすく書かれています。

だから「あの品種の味を捕まえたい」と思ったら、その品種の名前が明記された、「単一」のワインを選ぶといいでしょう。

ワインを売っているお店では、単一のワインと、ブレンドのワインが混在していますが、どちらが主流かは「国」によって傾向があります。

ワインの世界は大きく二つに分けられ、一方はワインの歴史が古い「旧世界」（主にフランス、イタリア、スペイン、ドイツ）、もう一方はワインの歴史が新しい「新世界《ニューワールド》」（主にアメリカ、チリ、オーストラリア、日本など）と呼ばれるのですが、「旧世界」のワインは一般的に「ブレンド」が主流で、「新世界」のワインは「単一」が主流となります。

例外もいっぱいありますが、おおざっぱに「ヨーロッパはブレンド」「それ以外の国は単一」だと覚えておいてもいいでしょう。

実際、お店で確認してみてください。たとえばカリフォルニアワインはラベルを見ればたいていどこかに品種名が書かれている一方、フランスワインはラベルを見ただけでは、どの品種が使われているのかわからないはずです。

旧世界は難しくて、新世界は簡単なのです。

新世界のチリワインなんかはよく「初心者向け」などといわれていますが、その理由の一つは「はっきりとわかりやすい味の『単一』が多い」からでしょう。

ですからまずはたくさん種類のあるワインの中から、「新世界」の「単一」ワインを選ぶようにしながら、品種一つひとつの味を覚えてみてください。

違いがはっきりと区別できるので、だんだんワインを選ぶことも、飲むことも面白くなってくるはずです。

もちろん、単一に慣れてきたらブレンドも試してほしいところ。

でもブレンドの本当の魅力がわかるのは、単一のスペックを理解してこそだと思います。

これは筆者が『モンスターファーム』というゲームから得た、大切なヒントの一つでもあります。

Point 単一がわかってきたら ブレンドを試してみよう。

ラベル

etiquette de vin

新世界は「品種」、旧世界は「産地」を見る。

※表記はあくまでフランスワインの一例です。

※名称は架空のものです。

お客さんから「ソムリエはラベルを見て、それがいいワインかどうかわかるのか？」と聞かれることがあります。

結論から申し上げると、ソムリエにも「わかるものもあれば、わからないものもある」です。

なぜここで「そりゃプロだからわかります！」とヒステリック気味に断言できないかというと、ワインのラベル情報というものは、残念ながらけっこういい加減に記されているものだからです。

そして一般的な傾向として、旧世界（ヨーロッパ）ワインのラベルはわかりづらく、新世界（ヨーロッパ以外）ワインのラベルはわかりやすく記されています。

ワイン売り場に足を運んだときは、その特徴を頭に入れてながめましょう。

ワインが目の前にばーっと並んでいます。

まずチリ、カリフォルニア、オーストラリアなど、新世界のワインから見ていきます。

新世界のワインは先ほど説明したとおり、たいてい「単一」です。「品種の名前がラベルにはっきり記載されている」ことが多いので、それを見て好みの味を選ぶことができます。簡単ですね。

そして赤なら**カベルネ・ソーヴィニヨン**か**メルロー**、白なら**シャルドネ**か**ソーヴィニヨン・ブラン**が使われたワインを選んでおけばたいてい外すことはなく、「わかりやすくおいしい」ワインに当たります。

あとはどれだけ値段をかけるかによって、より「わかりやすくおいしい」ワインに当たる確率が上がります。

入門者が知るべきことは以上です。

次は、新世界より少しややこしい旧世界のワインです。

こちらは「品種」よりも「産地」が重要、おまけに野球の一軍二軍三軍のように「より格上か格下か」という階級も存在します。

代表的なのは、フランスワインの「AOC」という階級制度です。

はい、難しそうな略語きました。

私が知っているのはせいぜいNHKかJALかVIPくらいだよ、という方は、ここで拒否反応をしめすのではないでしょうか。

でも、たいしたことはありません。

ＡＯＣは「どの土地の条件をクリアしているか」という証明書で、その土地がより狭い地域を示していれば、一般的に品質も値段も高くなります。

たとえばこんな感じです。

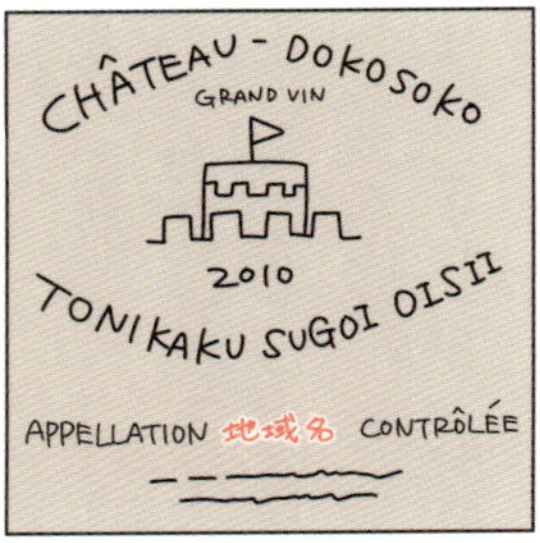

Appellation（あぺらしおん） d'Origine（どりじーぬ）
Contrôlée（こんとろーれ）

このＡＯＣの「Ｏ」の「どりじーぬ」の箇所に、地域名が入ってきます。

たとえば、
Appellation（あぺらしおん） Bordeaux（ぼるどー）
Contrôlée（こんとろーれ）
という場合は、ボルドー地方全体で栽培されているぶどうを集めて、使っていることになります。

そして、

Appellation（あぺらしおん）Médoc（めどっく）
Contrôlée（こんとろーれ）

という場合は、ボルドー地方の中にある、メドック地区に限定したぶどうを使っているワインということになり、より高級なものということになります。

さらに、

Appellation（あぺらしおん）Margaux（まるごー）
Contrôlée（こんとろーれ）

という場合は、ボルドー地方の中にあるメドック地区の、さらにその中にあるマルゴー村に限定したぶどうということになり、より高級なものになります。

日本人向けに無理やりわかりやすくたとえるならば、
「Appellation 関東地方 Contrôlée」よりも
「Appellation 東京都 Contrôlée」という方が、
それよりも「Appellation 中央区 Contrôlée」という方が
さらにそれよりも「Appellation 銀座 Contrôlée」という方が高級です。

このように「より地域が限定されている方が格上」という考え方が、フランスワインの価値を、ラベルで見分ける基本となります（どの地域がより狭くて、高級なのかは後述します）。

ちなみに「AOC」はEUの新しい規定によって、「AOP」（Appellation d'origine protégée＝あぺらしおん　どりじーぬ　ぷろてじぇ）に徐々に移行し、AOCとAOPが混在しているようですが、基本的な考え方は変わりません。

こうしてフランスワインのラベルをだいたい見分けられるようになれば、他の旧世界のワインについても自然とわかってくるようになります。

ただお断りしておきますが、ラベルの表記というのは定まっていません。

「Appellation」も「Contrôlée」も「protégée」も書かれておらず、ただ地域名だけが記されているワインもあるし、ラベルのどこにも品種名や地域名が書かれていない、「どこの馬の骨?・ワイン」というのも高確率で出現します。

そういうワインを見かけたら、どうしたらいいのでしょうか。

そういうワインを見かけたら、店頭POPを見るか、お店の人に聞いてください（逃げ）。

もしくは、そういうワインを見かけても、放っておけばいいのではないでしょうか。

筆者も「特にそのワインが有名」とか「誰かにおすすめされた」とかでもない限り、「どこの馬の骨?・ワイン」はめったに買いません。

もし買うとしたら、得体の知れないものへの好奇心? もしくはラベルの情報が不足しているワインは、おしゃれなラベルが多いので、おしゃれな仲間たちと「ジャケ買いごっこ」をして楽しんでもいいかもしれません。

またラベルに「Grand《グラン》 vin《バン》 de《ド》 ほにゃらら」と記されていることもありますが、これはただのキャッチコピーなので気にしなくていいです。たとえばGrand《グラン》 vin《バン》 de《ド》 Bordeaux《ボルドー》は「ボルドーの偉大なワイン」という意味なのですが、偉大だと自称しているからといって、どうということはないでしょう。

またボトルの裏には、よく日本語で「フルボディ」「ミディアムボディ」「ライトボディ」と書かれていることがあります。これはなにかというと、**「果実味」「渋味」「アルコール度」を合計した強さ**です。

これらのうち二つか三つが強ければフルボディ、三つとも弱ければライトボディ、ミディアムボディは「一つだけ飛び抜けて強く、他二つは弱い」というようなイメージです。簡単に言うと「カルピスの原液、濃いめか薄めか」みたいな違いでしょうか。

たとえそのボディ感が自分の舌にしっくりきても「ナイスボディ」と表現したり、昭和のおじさんのように「バディ感」とか「ボデー感」と言い換えることはありませんのでご注意ください。

Point なんとなく、わかれば十分。

新世界ワインのラベル

比較的シンプルでわかりやすい

旧世界ワインのラベル

あまり統一感がなく難しい！

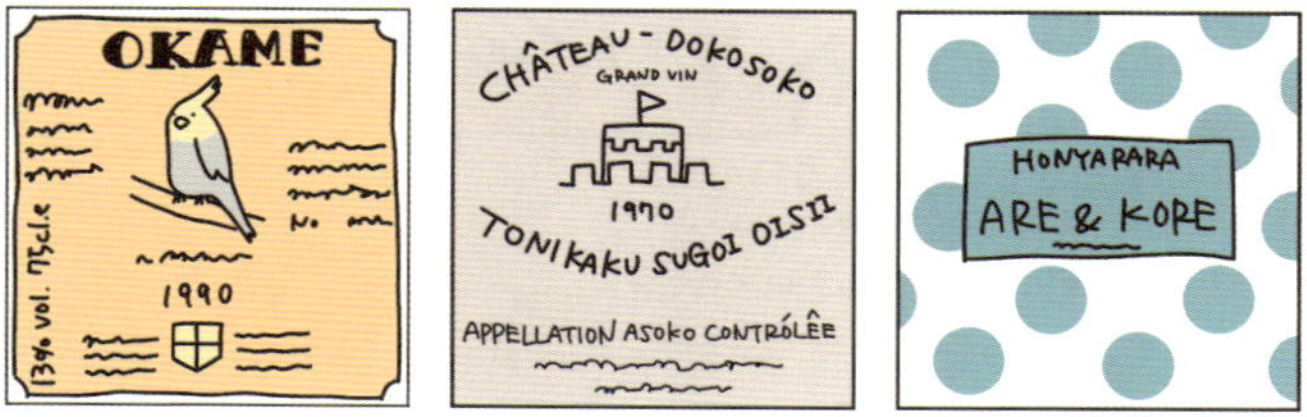

たまには高めのワインを買ってみる。

※ ちなみに、ボトル1本分のワインには約1.1キロのブドウが必要

はじめてのワインを手にしたとき、それが果たしておいしいワインなのかどうか。

そこに絶対的な基準はなく、確率が高いか低いかという話になります。

〝おいしいワインに当たる確率〟はシンプルに価格に比例します。

大事なポイントは「高ければ高いほど、どんどんおいしくなる」というわけではなく、**高ければ高いほどハズレの確率が確実に減っていく**ということです。

なぜなら一般的に、ワインは安ければ安いほどコストを下げるために添加物やダメなぶどうを多く混ぜて、大量生産しますし、反対に高ければ高いほど、それは優れた産地のぶどうを使っていたり、そのぶどうをさらに良いものとダメなものとにより分ける手間をかけていたりするからです。

安くてもおいしいワインはあります。でも高いワインはたいていおいしいです。

ではどれくらいお金をかけると、味が変わってくるのか。ざっくりと「ここまでの価格帯だったらだいたい確率は同じ」という値段のランクを出してみました。

・千円未満　プチプラワイン

・千〜二千円　デイリーワイン

・二千～五千円　ちょっと贅沢ワイン
・五千円以上　高級ワイン
・三万円以上　超高級ワイン（だいたい一級以上）

千円未満のワインは、まあ、あまり過剰に期待しない方がいいですよね。まれに南アフリカのワインのような「新世界の中の新世界」的な、ワイン生産の新興国には掘り出し物もありますが、おいしいワインは少ないと考えておいた方が無難です。ただもちろん満足できる人もいるでしょう。

千～二千円のデイリーワインは〝ものによってはおいしい〟です。筆者が個人的に飲むのもこの価格帯のワインがほとんどです。ただ、おいしいものがあるとは言っても、それは果実味がハッキリしていたり、さっぱりしているような「わかりやすくおいしい」ワインです。だから新世界のワインが集中しています。反対に、複雑な味わいを魅力とするボルドーやブルゴーニュを飲むなら、この価格帯のものはあまりおすすめしません。

二千～五千円のちょっと贅沢ワインともなると、果実味に頼らない、複雑で、繊細で「わかりにくくおいしい」ワインに出会えることがあります。新世界のワインならほぼ間違いなし。旧世界、特にフランスワインはせめてお値段三千円くらい出さないと、ハズレが多い印象があります。

五千円以上の高級ワインとなるとほとんど外しません。初心者にわかりやすいものも、わかりにくいものもありますが、いずれもおいしいワインです。ワインで贅沢してみたいけど、あんまり舌に自信がないという人は「わかりやすくおいしい」チリの【アルマヴィーヴァ】や、カリフォルニアの【スターレーン・ヴィンヤード】のシリーズを選ぶといいのではないでしょうか。

三万円以上の超高級ワインとなると、もう一生の思い出です。あなたが大富豪じゃない限り、このクラスのワインを飲んだという事実は、きっと死ぬまで語り草になるでしょう。超高級ワインの味は壮大です。飲み手の人間力が問われるような迫力さえあります。超高級ワインをしっかり味わえるような、立派な人間に成長したいものです。

高いお金を出してまでワインを飲みたくない、という人もいるでしょう。筆者も昔はそうでした。高いワインがなぜ高いのか、いまいち価値を感じられなかったからです。

高いワインがなぜ高いのかといえば、その理由の一つはぶどうの希少価値です。

良質なぶどうが取れる地域は限られている、という条件に加え、もともとの出荷量が少ない。ということは、それだけぶどうの剪定をいっぱいしてるということです。

剪定されればされるほど、ぶどう一粒一粒にうまさの栄養が集まります。だからどうしても本数が少なくなり、希少価値が上がるのです。

また良いぶどうだけを選り分けるために、ぶどうを人の手で摘むなどの人件費も余計にかかっています。ボトルにお金がかかっている場合もあります。

ブランド価値が高いワインは、偽物を簡単に造れないようにするため、ボトルを分厚くしたり、大きめに作ったりするのです。古い年代のものになると、さらに高くなります。みんな我慢できずに飲んでしまい、時代とともにどんどん「絶滅危惧種」になっていくからです。

というわけで、いろんな理由が挙げられますが、ざっくり言えば**「飲みたい！」と思う人が多いから、そのワインの値段は高くなる**のです。

だから「値段が高いワインは、どうせおいしいだろう」という偏見を持ってもいいと思います。だって実際、おいしいですから。

人生の中には、「確実に気持ちよく酔いたい」大切な日もあるでしょう。そんな日は、下手にケチってハズレワインを引き当てて台無しにしちゃうより、その一日の価値をさらに高めてくれるようなお高めワインを買ってもいいと思います。

ただ、間違えてほしくないのは、**高級ワインでいうところの「おいしい」は、たいてい〝大人〟おいしいやつ**です。舌のレベルがお子様の状態で、高級ワインを飲んでも、たぶんイマイチに感じると思います。

まずは自分ならではの基準で「わかりやすくおいしいワイン」を選べるようになるまで、千～二千円のデイリーワインで楽しんでみてください。

ちなみにレストランやバーで出されるワインボトル一本のお値段は、**だいたいワインショップの三倍**だといわれています。「一律プラスいくら」と決めているお店もあり、その場合は高級ワインほどお得ということになります。

Point 選ばれれば選ばれるほど、価値が高くなる。

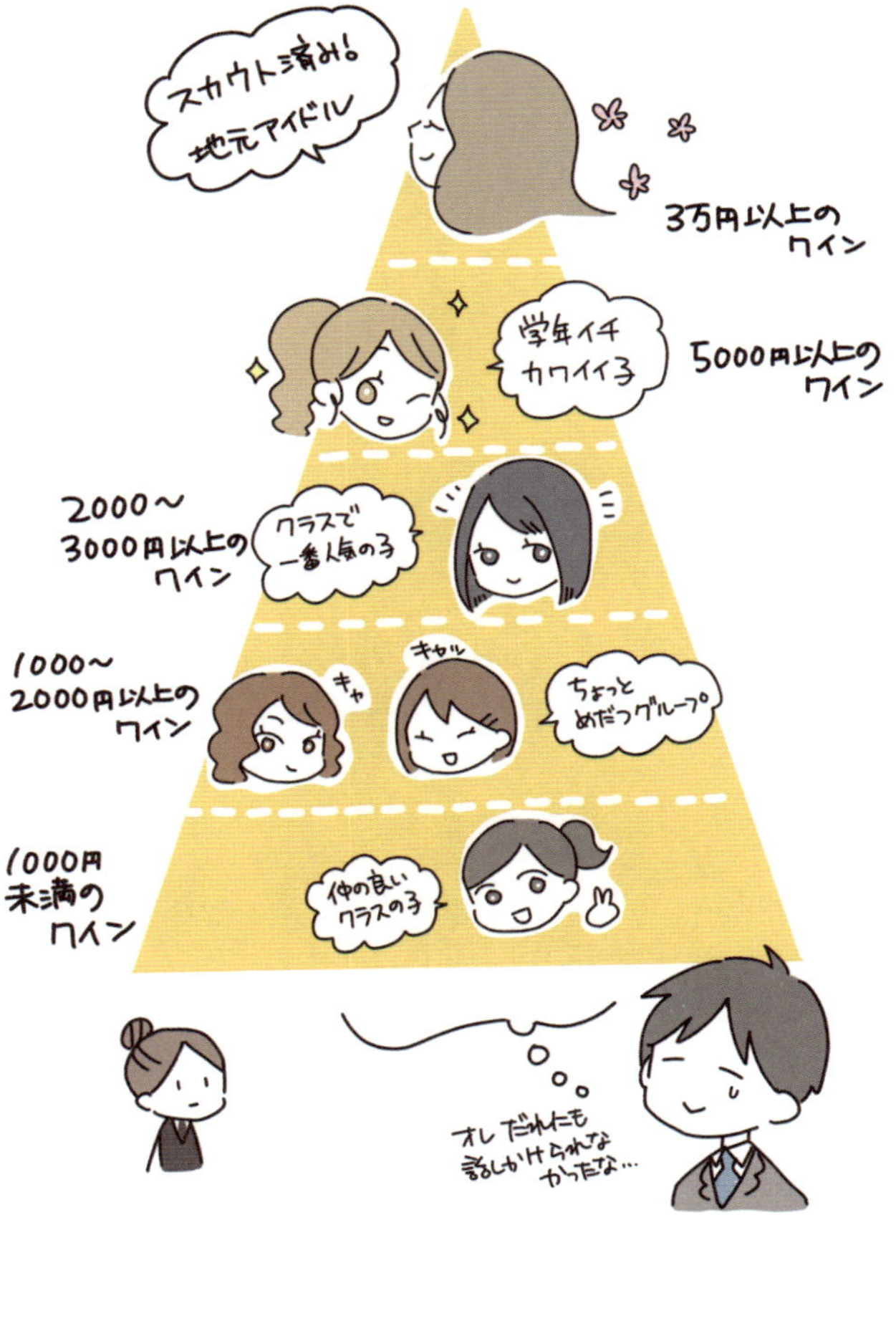

味わう

goûter

じょぼじょぼ注ぎ、舌全体に液体を広げる。

ワインボトルからワイングラスへ、どんなふうにして注げばいいのか。

カッコつけたかったら、ボトルの底に親指をひっかけて注ぐのもいいでしょう。

ちょっと高めの位置からワインの液体を落として、じょぼじょぼと空気に触れさせながら注ぎます。こぼさない程度に、じょぼじょぼいわせればいいです。

安いワインはあまり代わり映えしませんが、良いワインであれば、高めの位置から落とすだけでも、香りと味が開きやすくなります。

そしてワインを注ぐ量は、グラスの三分の一くらいまでにとどめてください。香りがたまるスペースがなくなるので、升酒のようになみなみとグラスの縁近くまで注ぐのはダメです。

次に味わいます。どんなふうに味わってもいいです。ビールのようにがぶがぶ飲んでこそおいしいタイプのワインもあります。でも自分でちゃんと選んだワイン、ちょっと値段が高めのワイン、とっておきのワインなどは集中して味わいたいものです。

そこでまず、グラスに注がれたら外観を見ましょう。

そしてちょっとでもワインの液体の中に枯れた色、褐色、レンガ色っぽさを見つけられたら、「さすがだな」ってつぶやきながらニヤニヤすればいいです。

それからクンと匂いを嗅いで、「お、開いてきた」って言ってみます。よくわからなくても「開いた」って言えばいいんです。言葉にすることが大事です。これで「ワインを味わっている自分」という気分が高まります。

グラスを回しますか？　はい、回しましょう回しましょう。飛び散らないようにやさしく回しましょう。回しては嗅ぎ、回しては嗅ぎしてみましょう。するとボトルに閉じ込められていた味の蕾が、だんだんだんだん開いてくるような気がします。初対面で緊張してモジモジしていた少女が、少しずつ打ち解けてくれる感じです。

いよいよ飲みます。良いワインは原則として、なるべくゆ〜っくり飲んだ方がいいです。

長く寝かせてあるワインほど、ファーストアタックから余韻にいたるまで、味とか香りがどんどんめまぐるしく変わるから、時間をたっぷりとらないと、大事なシーンを見逃してしまうのです。

いよいよ味の本体です。ワイン舌の初心者が高級ワインに挑むとしたら、どんなふうに味わえばいいか？

がぶがぶいっちゃうと一瞬で味が流れてしまうので、一口をそおっと慎重に口に含んで、渋味《タンニン》？　ジャムっぽさ？　タバコっぽさ？　などの味を、一つひとつ舌で追いかけてみるとわかりやすいかもしれません。

少しマニアックな話をさせていただくと、ワインの液体をベロの上に広げたあと、**液体でベロ全体を包み込ませる**といいです。

ベロは甘い、酸っぱいなどの五味を感じる場所がそれぞれ違います。だから舌全体にまんべんなく行き渡らせた方が、味の特徴をつかみやすいのです。

さらに、そのワインで使われているぶどうの品種の特徴を知っていたりすれば、その味を積極的に拾いにいくこともできます。それですぐ見つかるときもあるし、（あれ？　いねえな？）と肩透かしを食うときもあります。そんなときは「んー、意外と**メルロー**っぽくないいな」とか、なんともグルメ偏差値の高そうなつぶやきがこぼれ出るのです。

そして最後は余韻です。

そういう意識を持っていないとなかなか気づかないかもしれませんが、高級ワインなら高級ワインほど、香りや味わいの残像のようなものが、幻のように長く続いていきます。昔、別れた彼女の香水の匂いが、ふと思い出されるときのように、いつまでも切なく、愛おしく、尾を引いてゆくのです。

Point いろんな香りを探してみよう。

土地

terroir

ワインが育った土地を想像する。

おいしいワインは、ちゃんと意識して飲めばたしかにおいしい。

少し興味が出てくれば、ワイン売り場に行くたびに異なる顔ぶれを見せるワインを、フィギュアやトレーディングカードを集める感覚でコレクションしたくなる気持ちもわからないでもない。

でもどうしたら、世界中の人々のようにそこまでワインに〝熱狂〟できるのか。

そうたずねられたら、筆者は「テロワールを知っちゃったからかも」と答えることにしています。

テロワールというのは、無理やり超訳すると「ワインだけじゃなくて、ぶどうを生み出す土壌とか気候みたいなものも、ボトルの中に封じ込められていますよ」というような意味になるのですが、直接的な味やブランド性から得られる興奮は、ワインの世界のほんの入り口です。

舌から伝わってくる味の先には、ぶどうを生み出した土壌である砂利、粘土、石灰、火山灰はもちろん、そのワインを生み出した環境、たとえば周辺に住んでいる動物とか、土に棲息する虫とか細菌、さらにはその土地で暮らす人の性格がおおらかなのか丁寧なのか、そういったありとあらゆる情報が絡み合い、複雑な味を形成しています。

そしてそのテロワールの深い部分を感じ取ることができた瞬間、まるで大好きな楽曲に込められた裏のテーマや、映画監督が物語に忍ばせたメッセージに「気づいちゃった」ときと同様、全身に鳥肌がぶわーっと立って、得も言われぬ高揚感に包まれるのです。

たとえばそのぶどう畑の周辺にキツネが棲んでいたり、鳥小屋があったりすると、意図せずとも土にキツネやニワトリの糞尿がまじります。またぶどう畑にハーブが生えているとか、一緒にオリーブの木が植わってるようなこともあります。ときどきラベルに動物の絵が描いてあるワインがありますが、その中には「近くにそういう動物が棲んでいる」ということを表しているものもあります。

正直に言うと直接、酸っぱいとか甘いといった味に影響してくるわけではないのですが、（健康そうだな）とか（のどかな風景だな）とか、そういう印象を与えてくれます。

そして一度テロワールを感じ取ってしまうと、もうそういう光景が次から次へと思い浮かんできて、楽しくて仕方なくなってきます。

「そんなの気のせいじゃないの？」と言う人がいるかもしれません。

でもワインというものは、この〝そういう気が、しないでもない〟という心意気を増幅させることによって、より楽しめるものだと筆者は思うのです。

良いぶどうは、その土地の風土をたっぷり吸い込む。

道具

outil

鼻がすっぽり入るグラスで飲む。

ワインの世界にはアイテムがいろいろあります。

中でもまずは「コルクを抜くのが面倒くさい」なら〝スクリュープル〟を、「きれいにフォイルを切れない」なら〝フォイルカッター〟を、「飲み残しの味の劣化を遅らせたい」人は〝ワインキーパー〟を手に入れておけば、楽です。

楽にしておくことは、けっこう大事です。たいていの人は一日の疲れを癒やすためにワインを楽しみたいわけですから、T字のワインオープナーで顔を真っ赤にしながら悪戦苦闘したくはないはずでしょう。

しかしそれらは後回しでもけっこうです。

ワインをただの飲み物ではなく、趣味の一つにしようと考えている人がまず最初に手にするべきものは、ワイングラスです。

デキャンタとか、ワインクーラーとか、そんなのはどうでもいいから、とにかく**ワイングラスだけは絶対にいいやつを手に入れて**ください。

百均で買ったやつとか、引き出物でもらったやつとかじゃダメです。いやダメじゃないんですけど、そこをケチってしまうと、かえって超もったいないです。

グラスがちゃんとしてるだけで、値段の価値がプラス千円、二千円のワインの味に変わってくれるからです。

では、どういうグラスがいいか。

ワイングラスもマニアックに突っ込んでいけば、ボルドー用、ブルゴーニュ用、シャンパン用などいろいろ種類があり、それぞれの特性を活かしてくれる形状になっています。もし、そこそこお金を出してもいいというなら、リーデル社や、ツヴィーゼル社などの有名ブランドのものもいろいろあり、どれも間違いない品質です。

ただ、いいワイングラスはそれなりにか弱いです。慣れないうちは、洗っているときなどにちょこっとぶつけて割っちゃったりします。

だから高級グラスも捨てがたいですが、筆者はなるべく「でかい」、そして「うすはり」のグラスなら、そこそこのものでいいんじゃないかと思っています。もっとざっくり言えば、**鼻の根っこまで、グラスの内側にすっぽり入るくらいのサイズ**があれば、そのワインを堪能する上で問題ないはずです。

そういうデカグラスに赤や白の液体をちょろっと注ぐと、おしゃれな雰囲気も出ますし、口当たりも心地よくなりますし、なんといっても香りの集まり方が全然違います。

ふわっと、鼻をくるんでくれるのです。

ヘボいグラスと比べてみると、その味や香りの違いはけっこう強烈です。ワインのことを別に好きでも嫌いでもなかった人の中には、グラスを変えてみただけで「やばい。ワインっておいしいのかも……」と考えを改めた人がたくさんいます。

きっとそこには、ぶどうのキャラたちが〝いらっしゃる〟からです。

グラスで鼻をすっぽり包み込みながら目を閉じて、それぞれの品種の個性を心の目で観察してあげてください。

Point 良いグラスが、ぶどうの個性を輝かせる。

専用のグラスいろいろ
カベルネ・ソーヴィニヨン
ピノ・ノワール
シャルドネ
メルロー
リースリング
シャンパーニュ

冷蔵庫で保管。飲むときは先に出しておく。

ワインは赤でも白でも、冷蔵庫に入れておけばいいです。

ワインにうるさい方々は冷蔵庫だと冷えすぎるとか、乾燥しすぎるとか、いろいろ厳しいことをおっしゃるかもしれませんが、大丈夫です。

だって、そんな高級ワインじゃないでしょう？

え？　高級ワインなんですか？　一万円以上しちゃうような、長期熟成に耐えられるようなやつなんですか？　そんな**宝物を手にしているなら、迷わず即行でワインセラーを買って保管**しましょう。

ワインセラーはセレブ専用の家具ではありません。ワインセラーにもいろいろあります。四本とか六本収納の小さくて場所を取らず、値段的にカジュアルなやつもありますから、「この機会に買っちゃえよ」と言いたいです。

でもそこまで**高級じゃないのなら、冷蔵庫の野菜室で問題ない**と思います。夏じゃなかったら、外に放置しておいてもいいくらいです。普通のご家庭で楽しむ分には、その程度でいいはずです。ただし、赤と白ではおいしい温度に違いがあるので、**「冷蔵庫から取り出すタイミング」は変化をつけた方がいい**と思います。

日常的に飲む白ワインは基本的に「さわやかさ」をシンプルに味わいたいものだから、

がっちり冷えていた方がいいです。だから飲む直前に冷蔵庫から出すといいでしょう。
ところが香りの厚みがあり、味わいも強い「良い白ワイン（目安は五千円以上）」はがっちり冷えたまま飲むと、香りも味もおさえられてしまいます。こちらは飲む前にしばらくテーブルの上に出しておいて、ちょっとだけ温度を上げておくのがいいかもしれません。

じゃあ赤はどうでしょうか。「赤は常温で飲むべき」という都市伝説をまだ信じている人はいるのでしょうか。

常温ってけっこうぬるいですよね……。ワインの本場フランスは気候が涼しいから常温でも許されるのかもしれませんが、日本は夏だと部屋に置いておくだけで二十度くらいになってしまいます。温かいから健康にはいいでしょう。でもおいしくないです。

だから赤もちゃんと冷蔵庫で冷やしておいて、**飲みはじめる十分ほど前に出しておく**のがいいでしょう。買ってきたばかりの常温ワインなら、冷蔵庫で三十分くらい冷やしておきます。そんなに待てないのだったら、バケツに入れた氷水にがっと漬けて、一分くらいぐるぐる回転させてみましょう。それくらいで飲み頃の温度になるはずです。

でも筆者は個人的に思います。お店でワインを提供しているプロの人ならばともかく、普通の人が家で安ワインを好き勝手に飲みたいなら、温度管理なんて全然気にしなくてもいいんじゃないかと。好きだというなら止めませんが、面倒を感じるならおすすめしません。自分がおいしいと感じるなら、邪道でもなんでもいい。

すぐに冷やしたいならグラスに氷を入れてロックにしちゃってもいいし、寒い日は火にかけてホットワインにしちゃってもいい。ワインをもっとさわやかに飲みたい日は、白ワインと炭酸を半々で割る、スプリッツァーというカクテルもおすすめです。

世界レベルで見ればワインなんていうものは本来、Tシャツやジーパンのようにカジュアルなもの。あまりルールにとらわれず、飲む人が好きなように楽しんじゃっていいと思います。

ちなみに一度抜栓したワインは、コルクやキャップでふたをしておけば、**翌々日くらいまでは普通においしく飲めます。**

もし〝ワインキーパー〟を持っていて、飲み終わった後に**空気を抜いておけば、三、四日は味を保てる**はずです。

それ以上日数が経過したら、料理用ワインとして使うことにしましょう。そしてその料理をアテにして、また新しいワインを買ってくるというのも、おしゃれな楽しみ方です。

Point 温度に気を配るにこしたことはないが、面倒なら別に気にしなくてもいい。

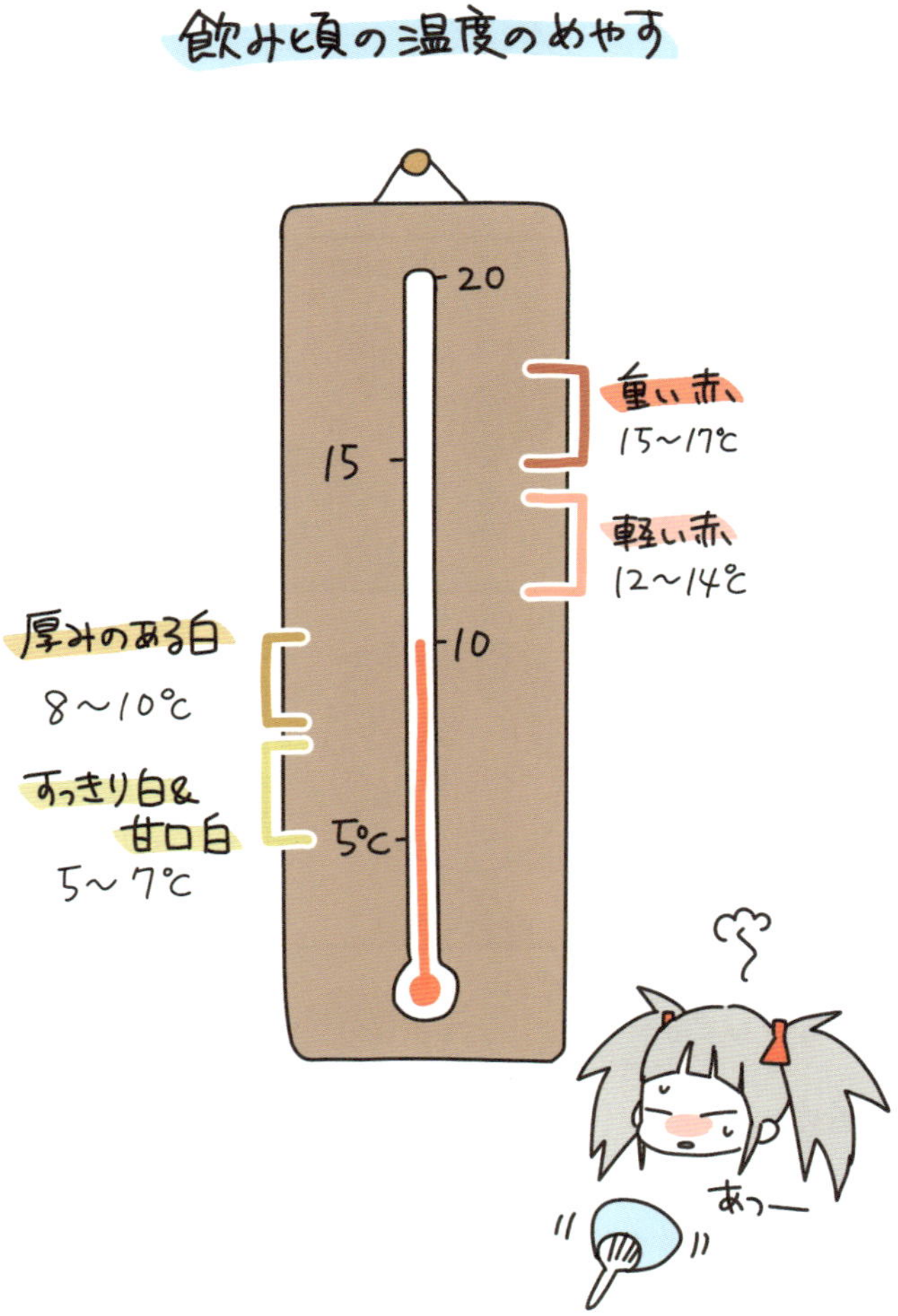

ソムリエと会話をしてみる。

レストランでワインを注文するのは簡単です。

なにを選んでいいのかよくわからなかったら、お店の人に「料理に合いそうなワインの候補」を挙げてもらった上で、前述した「六つの品種」と比較してみて、自分たちの好みに合いそうなものを選べばいいのです。

そこまではOKでしょうか。

さらに、ちょっと高級なレストランでワインをボトルで注文したりすると、ソムリエがそのボトルを恭しく持ってきて、みんなにラベルを見せてくれます。

これは簡単に言うと「お前らが頼んだやつに間違いないか」という意味です。ラベルを見て軽くうなずけば、ソムリエは慣れた手つきでワインを開栓します。

そしてグラスにちょろっとだけ注ぐと、そのテーブルの主っぽい客をロックオンして、目で「飲め」という合図をしてきます。

合図を受けた人がどうすればいいかというと、**香りをちょっと嗅いで、一口だけ飲んで、「はい。これでお願いします」と答えるだけです。**

この行為を〝ホストテイスティング〟と言います。まわりの人に自分の味覚の鋭さを示すためのアピールタイムではありません。お客さんにあとから「味がおかしい」とか「チェンジして」などと文句を言わせないための、一種の決まりきった儀式みたいなものです。

なぜ儀式みたいかと申しますと、試飲をしたお客さんに言えることはほとんど「はい。これでお願いします」の一言だからです。

もちろん味がおかしいときもあります。コルクにカビが生えて臭い状態を「ブショネ」と言います。簡単に言えば不運なハズレワインです。

このブショネは百本に一本くらいの確率で存在するらしいのですが、初心者にはなかなか区別がつかないはずです。

だから、もしもちょっとおかしいな……と思ったら、「このワインって、こういうものですか？」と恐る恐る聞いてみてもいいかもしれません。お客さんから聞かれたらソムリエは飲んで確認します。確認した上で「こういうものに決まってんだろ！　どんな味覚してんだよ！」と逆ギレするはずもなく、ブショネじゃなければそう説明しますし、万が一ブショネだったならば丁重にお詫びした上で、交換します。

でもソムリエである筆者も、今まで何千本、ヘタしたら何万本というワインを抜栓していますが、ブショネだと感じたことはありませんし、誰かに「ブショネだ！」と指摘されたこともありません。

中にはブショネも当たったのかもしれませんが、ブショネにもおそらく程度があって、ほとんどは気づかれない？　そんなレベルです。もしも顔をしかめたくなるようなひっどいブショネにあたったら、逆にラッキー！　なのかもしれません。もしも自分で購入した高級ワインがブショネだったりしたら、だいぶへこみますが。

ちなみに、ソムリエと接するとき、（ボロが出ないように）と身構えるためか、少しそっけない態度を取るお客さんがけっこういます。

自分がおすすめするワインを、お客さんに楽しく飲んでもらいたいと願うソムリエからすると、それはちょっとさびしいことです。

一言「ありがとう」とか「おいしいね」などと添えていただけるだけでも、雰囲気がなごやかになります。そうすると、ソムリエもそのワインをおすすめした理由や、ちょっとしたウンチクなんかを語りやすくなります。

お客さんにそのワインを気に入ってもらえるかどうか、ソムリエも内心ドキドキしているものなのです。

Point こちらから先に心を開けば、ソムリエはいろいろ教えてくれる。

ちょこっとMEMO
店員さんが味見できるので、
お高めのワインは
すこし残して立ち去ると
ステキですよ。
ちょっと残す
ふむ ふむ

食べ合わせ

mariage

ごはんに合わせてみる。

甘いデザートワインなどを除き、ワインは食事に合わせる飲み物です。

そして「食事の引き立て役」だといわれます。

さらに料理とワインの組み合わせのことを世間では「マリアージュ（結婚）」なんて言うみたいですが、とんでもないです。

筆者にしてみれば、料理の方がワインの引き立て役なわけですから、ワインがアイドルだとするならば、料理は付き人かマネージャーか、いいとこプロデューサーです。だから簡単に結婚なんてしちゃダメです。

……とまあ、そんなものは筆者のくだらない妄想にすぎないのですが、いずれにしても食事あってのワインであって、ワインと料理をどう組み合わせるかはとても大事なことです。なぜなら組み合わせがうまくはまってしまうと、料理の味だけではなくワインの味まで も、桁外れにレベルアップしちゃうからです。

ではどんな料理と、どんなワインが合うものなのでしょうか。

その判断力を磨くために、人生の中でどれだけ飲んで食ったかというグルメ経験に物を言わせる手もあるのですが、そうしなくても簡単に見極められる三つの法則があります。

それはなにか。

一つ目の法則は「色が似ているもの同士を合わせる」です。

ワインと料理の「色」を合わせておけば、ほぼ間違いありません。

赤ワインなら、赤を連想させる肉とか、ソース。白ワインなら白を連想させる、野菜とか魚などです。

これが基本なのですが、同じ赤でもタンニン豊富なら茶色、同じ白でも品種のソーヴィニヨン・ブランとかだと緑という「イメージとしての色」もあります。

また「肉だから赤」「魚だから白」という考えにとらわれず、同じ焼き鳥でもタレなら赤、塩なら白だし、魚のサバも照り焼きだったら赤が、塩焼きだったら白が合いそうです。

「なんとなくこの色が合いそう」と、ざっくりとらえることが必要かもしれません。

二つ目の法則は「味が似ているもの同士を合わせる」。

たとえばシラーという品種の味は、コショウっぽさが強いので、コショウで味付けされた肉料理とよく合います。ソーヴィニヨン・ブランという品種はネギっぽいので、ネギを使った繊細な味の京料理なんかに合うかもしれません。

三つ目の法則は「味が対極にあるもの同士を合わせる」です。

乳臭くて塩気の強いブルーチーズは、フルーティーな香りで極甘口のリースリングを使ったワインと、対極の味わいになりますが、これはこれでけっこう合います。ブルーチーズを使ったピザにハチミツをかけるとおいしいですが、似たようなことです。

ちなみにエスニック料理によくある、「酸っぱい料理」と「辛い料理」は、基本的にワインにはなかなか合わないと思います。無理やり合わせようとしたりせず、無難にビールかなんかにしておきましょう。

というわけで、今日の献立からワインを選ぶときは、なんとなく「似た色」「似た味」「反対の味」という基準に従って選んでみてください。きっと大きく外すことはないと思います。

この感覚をつかむと、どんどんディナーが楽しくなっていきます。

いずれ夜景の見えるレストランなんかで、顔色一つ変えずメニューとそれに合うワインをぱっぱっと決められたりするようになれば、どんなキモオタの人でも一瞬、カリスマ実業家のように見えるかもしれません。または見えないかもしれません。

Point 良い組み合わせは お互いの魅力を引き立てる。

コトン
すこし休憩しましょうか
あぺらしおん
ふぃー
だいぶ進みましたね～
思えば遠く来たものです…
よくぞ…ここまで…！
ぶどうの品種？スーパーに売ってるやつですよね？
え!?シャンパンってワインなんですか!?
うそー!!
ぐ…
おっ…これはシャルドネ強いなあ
いいね
随分ワインのこと理解していただけたようで嬉しいです！
いやー
へへ…わかってくると面白いものですね
基本がわかったところでそろそろ次の段階に行きましょうか
つぎ？

これまでも この学園の 品種たちに何人か 会ったと思いますが
カベルネ・ソーヴィニヨン
シャルドネ
ピノ・ノワール
彼ら以外にも 個性的な品種が いっぱいいるんです
ということで
学園生として 品種たちと 学生生活を してもらいまーす!
品種に交われば 品種になる…ってね!
ぱっ
ちん!
うどわー!!
ぼてん!
はい!? 学生って どういう…
これまさか制服…? え!? 僕のスーツは!?
あれしか ちゃんとしたの ないんですけど!!
ジャーーン
ってあれ
?
?
こうぜん
店員さん?
キュー…

なんだろこの顔がついたコルク栓
キュウー
ヒイッ
こいつ鳴くぞ!
私です!
この声・・・まさか店員さん!?
頭の中に声が!!
キューキュー
ど どうしちゃったんですか急にそんな
そろそろ限界のようです・・・
ちいせえ…
だ・・・大丈夫なんですかそれ・・・
スーツを制服に変えるのに力を使い果たし・・・
余計なことするから
人間の姿を保つ力がもう残っていません
消耗は予想以上に激しい・・・
つうかもともとコルクだったんですね
ふに
急がねば・・・!
ふに
私は大丈夫です
さあ、行きましょう!

はあ どこに
ぴしゃり
3うかは ずかに
だからぁ…
……
バーン!!
今日からあなたは品種たちと学びともに過ごす高校生!なのです!
いやぁ… 無理ありますよ 僕サラリーマンなんですけど…
さすがに…
制服さえ着ていれば問題ありません
それに
てきとうすぎる
まさかのコスプレ…
今のあなたなら品種たちときっと仲良くなれると思いますよ
ぼくもうアラサーですけど
仲良く…
…じゃあ 頑張ってみようかな…
その意気です!

新品種の転入生ってことにしてあるのでよろしくです♪
ハア!?
僕人間ですけど!

第2章

旧世界

フランス・イタリア・スペイン・ドイツ

旧世界のワインは、複雑で繊細。

フランス

Française

二本に一本は、フランスワインを飲む。

品種の味を一つひとつ確かめるためには、ヨーロッパを中心とする旧世界よりも、ヨーロッパを除いた新世界のワインの方が、「単一」が多いのでおすすめです。

また予算二千円以下で「今日は外したくない」というときもやっぱり、旧世界より新世界を選んでおくのが無難だと思います。

ただワインの本当の面白さ、すごさを知るためには、とにかくもフランスワインです。

エヴァンゲリオンをおさえておけば九〇年代アニメがなんとなくわかった気になれるのと同様、**フランスワインをおさえておけば世界のワインがなんとなくわかった気になれる**と思います。

フランスワインにはすべてがあるからです。

赤のド定番であるボルドー&ブルゴーニュだけではありません。

高級なものからお手頃なものまで、フランス全域でワインが大量に造られているのですが、フランスにはあらゆる特徴のワインがあります。すべて揃っています。誤解を恐れず言ってしまえば、他の国のワインは「フランスのどこかの地域のパクリ」と言ってもいいくらいです。

フランス

歴史もとんでもなく長く、紀元前六百年頃からなんていわれていて、それはもう何千何百年と積み重ねられた時間とか、生産者たちの血と汗と涙とか、そういう目に見えないものさえも一本のボトルの中に詰まっていたりするのです。

なによりも、味に品があります。

あまり品のない筆者だからこそ、かえって痛烈に感じるのでしょうか。

フランスワインも様々ありますが、本気のやつを一口飲んだ瞬間はやばいです。まるで名門お嬢様校の生徒とすれ違ったときのように控えめで、奥ゆかしく、内に秘めたる美しさをクンカクンカと嗅ぎとってしまいます。

ヘタげな新世界のワインからはそういう情緒が感じられないんですよ。一口飲んだら「果実味どかーん！」「アルコールぼーん！」みたいな、あんたもこれが欲しいんでしょ？的な八方美人感があります（それはそれで魅力なのですが）。

きちんとしたフランスワイン様はそうじゃなくて、「ああ……お上品ですね」っていう。都会的で洗練されたお味です。きっとフランス人自体がそういう気質なんでしょうね。うらやましいです。

もちろん筆者の個人的な思い入れだけではなく、フランスワインに対する世界的な信用度は高いものです。それは伝統の味を維持するため、造り手が好き勝手できないよう、AOC（AOP）をはじめとする「ワインの法律」が厳しく設けられているからでしょう。

そしてそれらの法律がきちんと守られているがゆえに、健全な競争が生まれ、どんどん品質が高まっているのです。

フランスワインの魅力は、なんといっても**複雑で繊細な味と香り**です。

だからワインを飲みつけない人が高級フランスワインを飲ませてもらう機会に恵まれたとしても、うまく魅力を感じ取ることができず（なんだ、たいしたことないじゃん）と思ってしまうかもしれません。（高級なのにこんなもんか）と、それっきりワインから遠ざかった人も少なくないと思います。

でもワインを好きで飲み続けていれば、**たいていの人はやがてフランスワインに行き着きます。**

技術だけでは生み出せないものが、フランスのワインにはあるからです。

それだけ奥が深いものなので、舌の経験値が上がったかな？　と思ったらその都度、フランスワインを試してみてください。

フランス

Point フランスワインを知れば、すべてを知った気になれる。

フランス
ボルドー地方

Française Bordeaux

ボルドーといえば「重厚な赤」を思い浮かべる。

〝ボルドー〟は地方の名前。昔の言葉で〝水のほとり〟という意味です。その名のとおり、ボルドーは川のまわりに広がっている産地で、〈川を使って、他国に輸出〉というコマンドを連発して、ワインを世界中に拡散させたことにより、一躍有名になった銘醸地です。

どれくらい有名かといえば、二次元アイドルキャラでいうなら「アイマス」か「ラブライブ！」くらいの安定感があり、ブルゴーニュ地方と双璧をなす存在です。

そして、ボルドーといえば「重厚な赤ワイン」です。

しこたま酔っ払ってロレツも回っていないお金持ちの方が、高級フレンチレストランかなんかで「なんでもいいから、とにかく重厚なやつ、ちょうだいっ！」と声高に注文すれば、高確率でうん万円とするボルドーワインが出されることと思います。

ボルドーワインは「ワインの女王」なんていうあだ名もあるのですが、女王にしては骨格ががっちりしているし、渋味が強く男らしい印象があります。

ただボルドーのすばらしさは、単に重厚で男らしいだけではなく、優雅で複雑な味わいをもたらす「長期熟成されたワイン」という点にあります。

あんまり安いボルドーをおすすめしない理由はそこです。最低でも店頭価格で五千円くらいは出さないと、長期熟成に耐えられる良いワインは買えません。

「ワインは味がぶどうジュースに近いほど、おいしい」と感じている人には必要ないでしょうけれど、熟成させることによって生まれる味と香りの複雑さと奥深さは、一度知ってしまったら（ああ、これがワインなのか……）と考えを改めるはずです。

つまり長期熟成は、簡単にはわかりづらい おいしさ、「大人おいしい」ワインを生み出します。またアルコール感が和らぐので、口当たりも柔らかくなります。

なぜボルドーで、そんな「長期熟成型」の「重厚な赤」が生まれるのか。

それは恵まれた気候により、**タンニンが非常に強いカベルネ・ソーヴィニヨンを生み出せるのと、はるか昔から経験と技術を競い合ってきた人たちが、ボルドーという聖地に集中しているから**です。

各国のワイナリーがボルドーをいくら真似しても、ボルドーにはなりきれないのです。

というわけでボルドーはワインにおける世界のトップブランドですが、ブランド志向が強いゆえに格付け（ランキング）もおなじみの光景です。

特にボルドー地方の「メドック地区」では、シャトーごとに一級から五級まで格付けしています。この格付けは、パリ万国博覧会が開かれるときに、ナポレオン三世が「観光客用にわかりやすいやつがあった方がいいのではないか」と思い立ち、ワイン仲買人たちに制作させたワインガイドのことなのですが、この格付けがやたらと人気を博し、現在に至っているのです。

特に〝五大シャトー〟と呼ばれる第一級のワイン【シャトー・ラトゥール】【シャトー・ラフィット・ロートシルト】【シャトー・マルゴー】【シャトー・ムートン・ロートシルト】【シャトー・オー・ブリオン】の価値は、世界的なものになりました。

そしていまや〝五大シャトー〟は、世界に何十万種類あるといわれているワインの中で、知名度の頂点をきわめています。もはや殿堂入りした大リーガーのようなもので、この世にワインというものが存在する限り忘れ去られることはないでしょう。

みなさんもお祝いごとがあったり、突然ロト6が当たったりして、「高いワインを開けたい」と思ったときは参考にすればいいと思います。

ただし、その格付けが行われたのは「一八五五年のこと」です。

百年以上も前にワイン業界の間で評判になっていたワインと、取引されていた値段の高さで決められたランキングが一度の見直しを除いて、ずーっと不動の状態で続いているわけで、某アイドルの総選挙のように定期的な見直しもありません（一度の見直しのとき、

【シャトー・ムートン・ロートシルト】が昇格しました)。

もちろん上位のシャトーは積年のプライドもあるでしょうし、それなりにお金もかけられるでしょうから、「まずい」はずはないでしょう。ただ値段に匹敵するほどの味かどうかはわかりません。いや、評判通りの偉大なワインなのかもしれません。そんなミステリアスなところも、ワインの魅力の一つだと思います。

いずれにしても、格下のシャトーが格上のシャトーよりおいしいとか、値段が高いなんていうことはざらに起きているので、あまり気にしなくてもいいでしょう。

そんなボルドーワインはランクも値段もピンきりですが、高級ワイン店はもちろん、スーパーでも近所の酒屋でもどこでも見かけることができます。

ときどき「シャトーなんとか」という名前のワインがありますが、シャトー(CHÂTEAU/CH)と記されているワインは一部を除いてボルドーワインです。

シャトーというのは醸造所のことで、本来の意味は「城」。それだけでっけえところで造ってんだぞ! っていう尊大な気持ちも込められているとか、いないとか。そしてラベルでわざわざ「シャトーなんとか」と名乗っているワインは、そのシャトーの上級品だということを示しています。

フランス ボルドー地方

Point 品種のブレンドから、
偉大な赤ワインを生み出す。

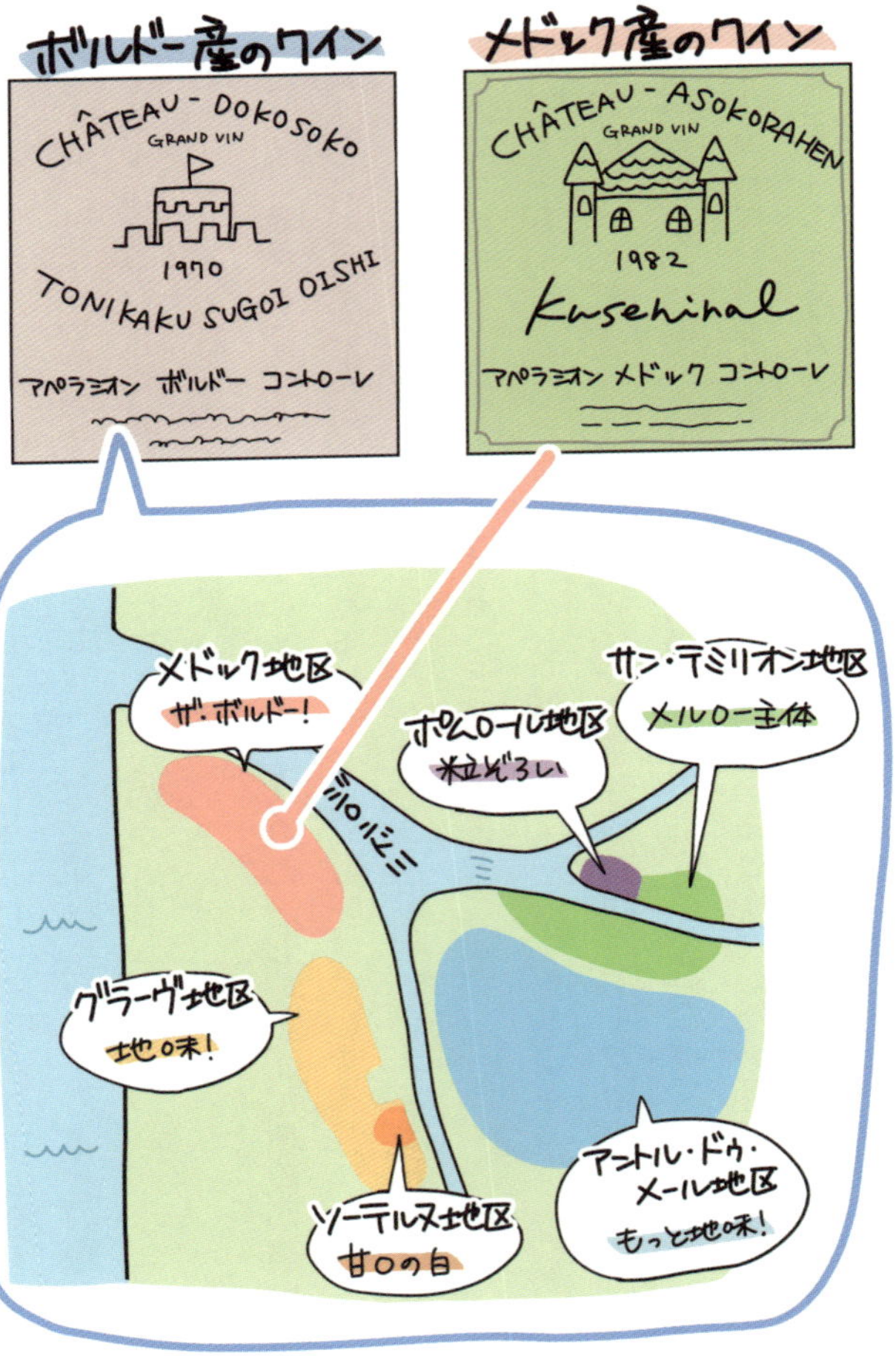

フランス
ボルドー
地方

Française Bordeaux

【主要品種】

メルロー

赤

おっとりまったりお姉さま。渋味《タンニン》、酸味がひかえめでまろやか。

「ボルドーブレンド」と呼ばれる黄金の組み合わせ。

カベルネ・ソーヴィニヨン

赤

どんな役目もきっちりこなす優等生。渋味《タンニン》が豊富な赤ワインの王道。

セミヨン

白

つい守ってあげたくなる天然ドジっ娘。口当たりがやわらかくなめらかで酸味はひかえめ。

カベルネ・フラン

赤

みんなをサポートする名脇役。他の品種にブレンドされると上品さが加わる。

改めてご紹介しますね。
君はこないだの・・・
ボルドーの赤といえばこの三人。
あらー
しっかり者の優等生カベルネ・ソーヴィニヨン
転入生だったのか・・・
は、はい
目立たないながらも繊細で上品なカベルネ・フラン
ペコリ
やさしく包容力のあるメルロー
なんでも聞いてね！
ありがとうございます
人気の組み合わせなので世界中でオマージュされているんです。
イタリア
アメリカ
チリ
これからヨロシクな

カベルネー！部活の助っ人お願いしたいんだけど
シラー
あっ うちもお願いしたい！今度大会なの
サンジョベーゼ
うちにも頼む！
マルベック
カベルネ・ソーヴィニヨンはみんなから愛されるヒーロー的存在。頼れる学級委員長です。
個人競技（単一）でも
ダダダッ
うおおお ぶっちぎりだ――！
団体競技（ブレンド）でも
キュギュッ
キュッ
くそっ なんだあの助っ人！
素人じゃねえぞ！
いつでもどこでも存在感抜群！
完璧でハードルが高そうな彼ですが、実は口当たりはなじみやすくてフレンドリー。
スゲー…
イケメンオーラ
グッ
転入生も混ざるか？楽しいぜ！
い…いや 応援してます
赤ワインの味をイメージしたら、最初に浮かぶのはきっと彼でしょう。

そうか！
応援よろしく頼むな！
ぎゅう
ハハ…
キャー
キャー
いてて……
なんかザ・ヒーロー！って感じの人ですね…
タンニンが強いので力強い感じしますよね。
転入生！
えぇと
カベルネ・ソーヴィニヨンくん
今帰りか？
なんかテンション低いな？
うん
ど
えーなになに友達!?
どこ住みー!?
わっ
!?
普段は海外にいる俺のいとこたちだ全く騒がしい…
なー
紹介してよ
あっこれあげる!!!
これ、オレんちでとれた野菜!!!
ピーマンにー
ミントにー
手作りぶどうジャムにー
ええと
作られる土地によってガラッとキャラが変わるのもこの品種の特徴なんです。
またねーチャオー!!
いっぱい食べてねーっ

いやー
カベルネくんってどこ行っても濃いキャラなんですね…
びっくり
でしょ！ちなみにカベルネ・フランとソーヴィニヨン・ブランの自然交配でうまれたんですよ
えっあのおとなしい感じの…
だからカベルネ・ソーヴィニヨンて名前なのか…
っていうかまだいる！
びっくぅ
飲んだあとの余韻がなが～いのも特徴です。
怖いわ

転入生く～ん
よく
呼ばれる
おはよう～学校には慣れた？
彼女はメルロー女性らしい芯の強さを感じさせる品種です。
え～っと彼女は…
味は主張しすぎませんが存在感があり
おかげさまで…
日誌書いたわよ
すまんな
カベルネ・ソーヴィニヨンのよい引き立て役でもあります。

ん？
あれは・・・
あの～メルローさん
わっ！
転入生くんかあ
びっくりした
すみません
ああ、これ？
園芸用の腐葉土作ってるのよ
ヴィオニエが使うの
ざく ざく
いい香りでしょ
メルローは山林に入ったような土のような香り。
ほんとだ いいにおい
なんか実家の母さんみたいな安心感・・・
言えないけど
でしょ～♪
ワイン嫌いの人が苦手な「酸味」も「タンニン」も抑え気味のプラム風味。
これでよし
口当たりはまろやかでボリュームがあります。
片づけて帰りましょ♪
なるほど・・・
いつもふんわりしてて人のことばっかり考えてる感じの人だけど
ほんとはすっごくしっかりした人なんだろうなあ
手伝います
ありがとう！
普段はひかえめなメルローですがひとりのときは十分主役を張れるんですよ。

キョロ
カベルネ・フラン見なかったか？
見てないなぁ
借りた本返したかったんだが・・・
見かけたら伝えといてくれるか？
OK
うわっ！
はい
バサッ
この子はカベルネ・フラン世界中で使われる品種ですが
じゃあまたなにか持ってきますね
面白かったですかそれはよかったです
存在はちょっと地味め。
でもかすかですが複雑な味がして
あすまん明日・・・
なぜかのびる背すじ
本といえばカベルネ・ソーヴィニヨン図書館の本の返却期限切れていますよ
キリッとした酸味もあって
いぶし銀のような活躍をしてくれるんですよ。
この子ね図書館の本全部把握してるのよー！
委員なので
貸出状況とかも全部！
えっそれすごいですね
良かったら読みますか？これ
いいんですか？
どうぞ
罪と罰
んーーーーー僕にはその難しいというか

味がおとなしいので
パワフルな品種たちと混ざると
上品さ・知的さが加わります。
かなわないわね
ほんとだな
カベルネ・フランさんは確かに目立たないけど あの三人組になくてはならないんですねえ・・・
大切なまとめ役ですね。
よくみると美人さんだし
ね
あら
そ そーゆーんじゃなくてですね
へー
あゝいう子がタイプ
そうそう
そんなカベルネ・フランですが
産地によってはごくまれに
単一として主役になるんです。
サン・テミリオン地区
手芸部所属
ロワール地方
囲碁部所属
ラズベリー・ゆであずき
ピーマンなどの香り。
ボルドーのワインを飲んで
どの品種が多く配合されているか
わかってくると楽しいですよ。
なるほど
おっこれは
メルローさん
お強い！とか？
パタ
まって――っ
パタ
そうそう

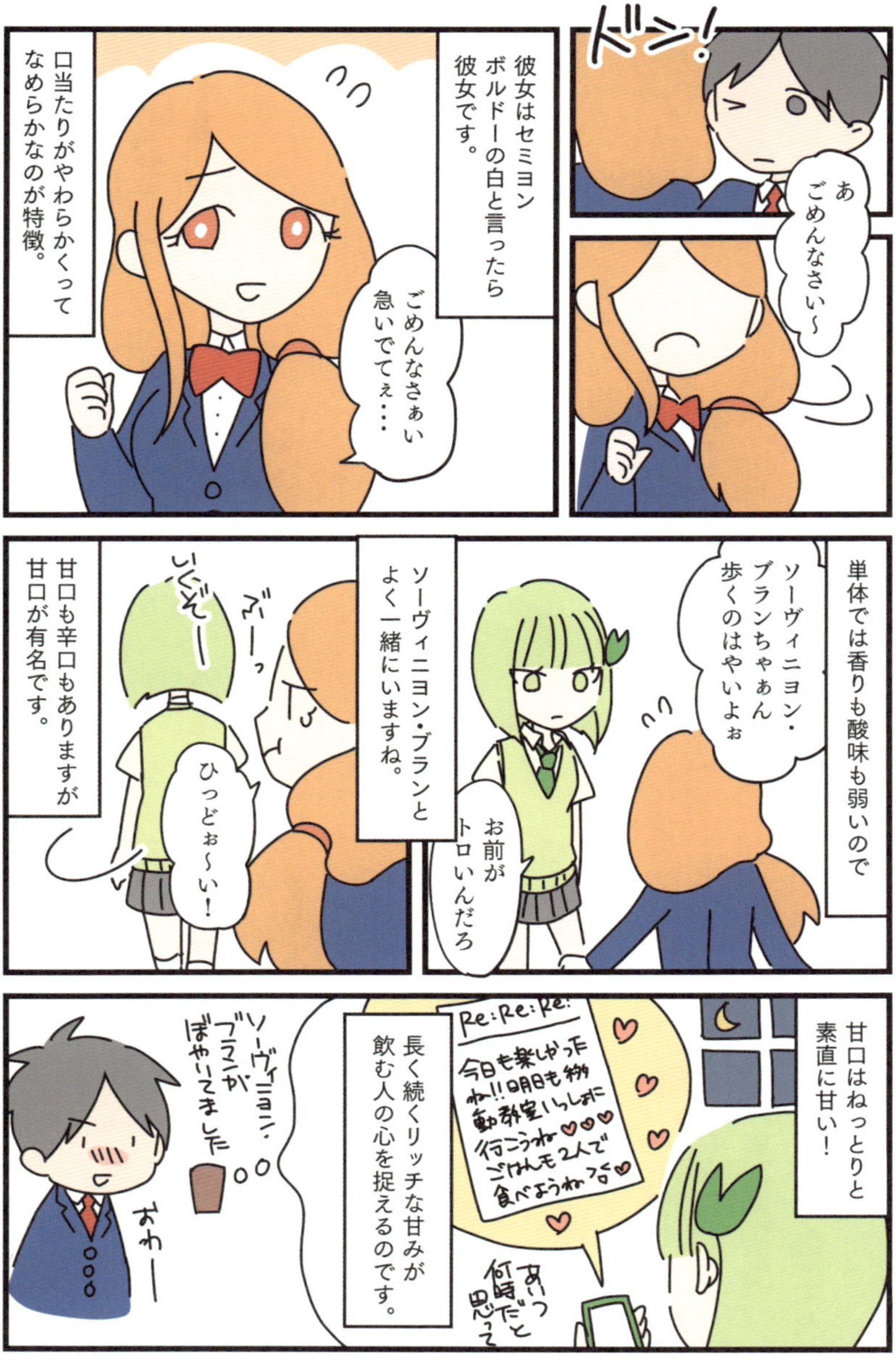
ドンッ!
あ ごめんなさい〜
彼女はセミヨン
ボルドーの白と言ったら彼女です。
ごめんなさぁい 急いでてぇ・・・
口当たりがやわらかくって
なめらかなのが特徴。
単体では香りも酸味も弱いので
ソーヴィニヨン・ブランちゃぁん 歩くのはやいよぉ
お前がトロいんだろ
ソーヴィニヨン・ブランと
よく一緒にいますね。
ぶーっ
いくぞー
ひっどぉ〜い!
甘口も辛口もありますが
甘口が有名です。
甘口はねっとりと
素直に甘い!
Re:Re:Re:
今日も楽しかったね!! 明日も移動教室いっしょに行こうね♡♡♡ ごはんも2人で食べようね
あいつ何時だと思って
長く続くリッチな甘みが
飲む人の心を捉えるのです。
ソーヴィニヨン・ブランがぼやいてきました
おわー

Médoc

フランスのボルドー地方の「メドック地区」
ボルドーを気に入ったら、次は「メドック」を試す。

ボルドー地方における「メドック地区」というのは、東京都の中にある、中央区とか新宿区、世田谷区みたいなイメージです。

わざわざ限定して表記しているわけですから、

Appellation（あぺらしおん） Bordeaux（ぼるどー） Contrôlée（こんとろーれ）

よりも当然、

Appellation（あぺらしおん） Médoc（めどっく） Contrôlée（こんとろーれ）

の方が高級なわけです。

メドック地区のワインは、ボルドーの持っている重厚なイメージをさらに強めた「ザ・ボルドー！」と言ってもいいでしょう。**世界的に〝ボルドーブレンド〟と呼ばれて親しまれている「カベルネ・ソーヴィニヨン」「メルロー」「カベルネ・フラン」の御三家を混ぜたワイン**であり、それはソムリエからしても（はいはい、赤ワインというものをよくわかっていらっしゃいますね）的な味。安心感がハンパないです。

なんといったって、このメドック地区では〝五大シャトー〟のうちの四つ、【シャトー・ラトゥール】【シャトー・ラフィット・ロートシルト】【シャトー・マルゴー】【シャトー・ムートン・ロートシルト】が造られているくらいですから、人気も高いです。

でも五大シャトーはフェラーリとかポルシェみたいなもので、知名度はトップクラスですが、一般庶民にはなかなか手が出せないシロモノなので、「私は五大シャトーを知っている」というだけで十分です。

それよりも、もう少しだけ手頃でおいしいワインがあります。その一つの目安になるのが、村名ワインです。メドック地区にはいくつかの有名な村が存在します。その名前をラベルに表示できる村は次の六つです。

・サン・テステフ村
・ポイヤック村
・サン・ジュリアン村
・マルゴー村
・リストラック村
・ムーリ村

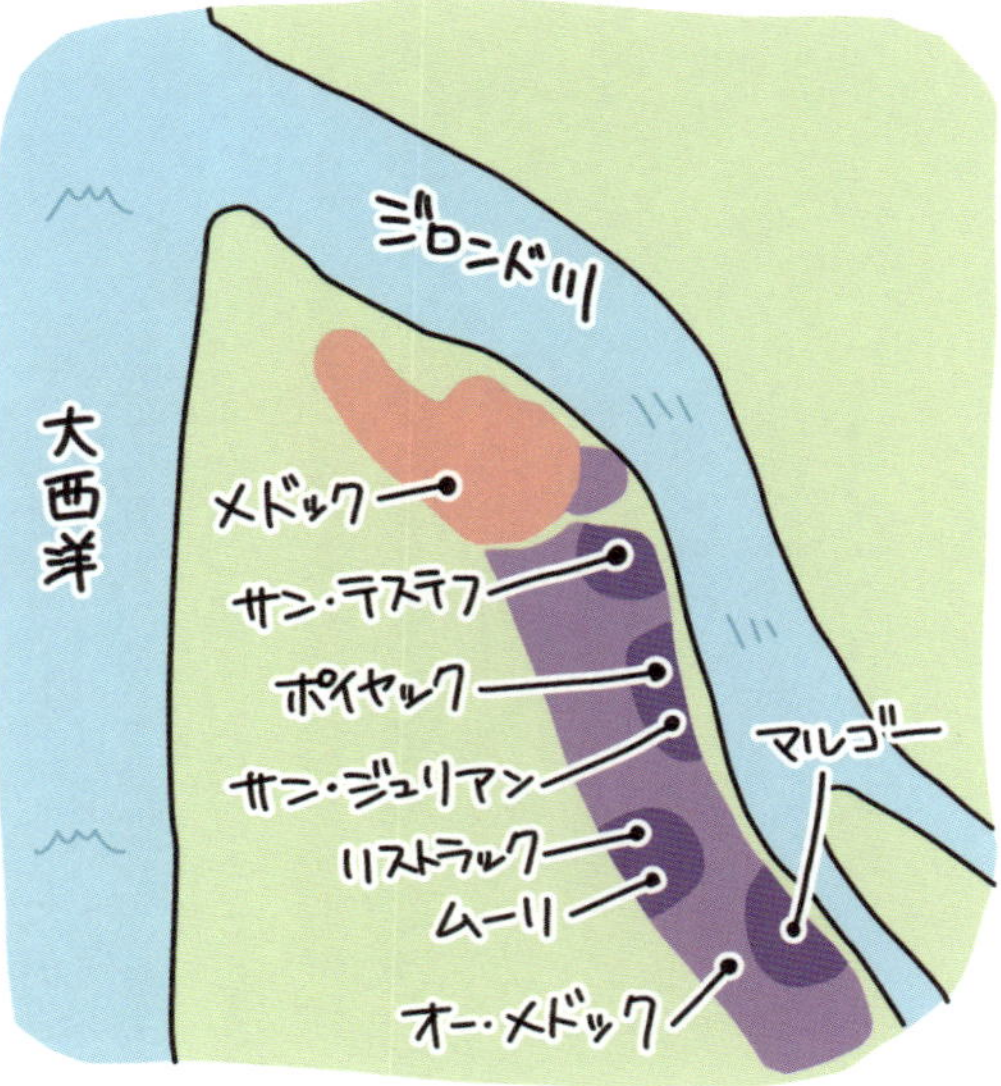

どの村のワインもレベルが高く、たとえばラベルにAppellation（あぺらしおん） Pauillac（ポイヤック） Contrôlée（こんとろーれ）などと書かれていれば、ほぼ五千円以上の高級ワイン確定です。だからもしこのクラス（村名表記）のワインをプレゼントされたら、すかさず「えっ、こんな高級ワインを……」と驚いてみましょう。相手は「いやいや、そんなたいしたもんじゃないよ」と言いながらも内心きっと喜んでくれるでしょう。

高級ではありますが、五大シャトーほどじゃないですし、安価なボルドーを買い続けて失敗するよりも、「おいしいボルドーを飲みたいならそれなりにお金を出そう」というのが筆者の持論です。

では、それぞれの村の違いはなにか。

ポイヤック村は【シャトー・ラトゥール】【シャト

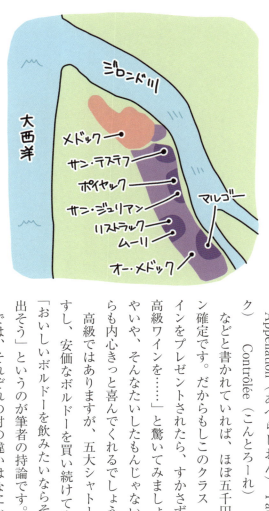

ー・ラフィット・ロートシルト】【シャトー・ムートン・ロートシルト】で有名で、マルゴー村は【シャトー・マルゴー】で有名です。有名すぎるくらい有名です。

ではその村々にどういう特徴があるかというと、有名な村だといっても、村という小さい単位にまで絞っちゃったら、味に違いがあるかどうかと聞かれても、答えは「ないと思う」です。

つまり、どんなにワインにうるさい大富豪でも「今夜はサン・ジュリアンよりも、サン・テステフのワインを飲みたい気分じゃ」みたいなことは言わないはず、ということです。

もうそれくらいのレベルになると、土地の差（ぶどうの出来）ではなくて、造り手（銘柄）の差になってきます。「シャトー・ラトゥールが飲みたいわい」はありえますが、「ポイヤックのワインが飲みたいわい」というシチュエーションはありえません。

またメドック地区の南部のうち、この六つの有名な村をのぞいた部分は、オー・メドック地区という表示になります。

六つの村があまりにも有名なため、オー・メドック地区はよく「あなどれない産地」などと言われますが、そう言うからにはきっとあなどる人が多いのでしょうね。

いずれにしても、ボルドーのおいしさはわかりやすく価格に比例します。

カベルネ・ソーヴィニヨン×メルロー×カベルネ・フランの三品種の組み合わせの、真の実力を知るためにも、一度くらいは村名クラスのワインを飲んでみてほしいものです。ちなみにボルドーなら筆者は絶対赤。白には個人的にいきませんが、シャトー・マルゴーの白【パヴィヨン・ブラン・デュ・シャトー・マルゴー】はハンパじゃなくおいしいです。そしてお値段もハンパじゃありません。

Saint- Emilion

フランスのボルドー地方の「サン・テミリオン地区」
メルローが好きなら、「サン・テミリオン」を試す。

サン・テミリオン地区は、メルロー主体のワインが多いです。

この地区の格付けは、〝グラン・クリュ〟がつくとグレードが上で、さらに〝プルミエ〟がつくともっとグレードが上がります。

そして格付けの頂点には、【シャトー・シュヴァル・ブラン】【シャトー・オーゾンヌ】という二大銘柄がありますが、これらは一本でパソコン一台が買えてしまうほどお高いので、とりあえずシカトしておくとして、筆者にとってのサン・テミリオン地区は「わりと手が届きそうな値段で、二千～三千円くらいで、おいしい**メルロー**が飲めるよ」という印象です。**メルロー**が恋しくなったときに、気軽に立ち寄れる夜の店という感じでしょうか。**カベルネ・フラン**がブレンドされているものもあります。するとさらに**メルロー**さんの豊かな味が引き立ちます。おいしい**メルロー**を飲みたかったら、とにかくお手軽なサン・テミリオン地区がおすすめです。

ちなみにサン・テミリオン地区の格付けは「十年に一度」なので、メドック地区のやつより信用できるかもしれません。

Sauternes

フランスのボルドー地方の「ソーテルヌ地区」

ときめきたい夜は、「ソーテルヌ」で羽を伸ばす。

ソーテルヌといえば、高級な甘口の白。

それ以外、筆者は言うことがないです。

この地区は二本の川が合流するところなのですが、二本の川の水温差によって霧が大量発生し、ボトリティス・シネレア菌というカビが発動して、ぶどうの水分を奪います。

すると糖分がぎゅーっと凝縮されて、〝貴腐〟の状態になる。

この貴腐ぶどうで造った甘口白ワインが〝貴腐ワイン〟として大変重宝されておりまして、**ドイツの【トロッケンベーレンアウスレーゼ】&ハンガリーの【トカイ】とともに、世界三大貴腐ワイン**と称されています。

貴腐ワインというのはなににしろ、ネーミングセンスが最高です。〝貴腐〟ってね……。すごいですよね。

一口飲めばわりとエロティック、官能的、熟女感たっぷり。喉を通過するときも、ひとすじ縄じゃいかない。ストレートな味わいじゃない、いろいろまざりあった感じが気持ちのいいワインです。

Pomerol

フランスのボルドー地方の「ポムロール地区」

いいことがあったら、「ポムロール」で贅沢する。

ちっちゃい地区なのですが、鉄分を含んだ独特な土壌によって、ハンパなく力強いワインが生まれます。

なにしろ狭いところなので、シャトーの数も少ないのですが、**どこもレベルが高く、まさに粒ぞろい感があります。**

特に【ペトリュス】【ル・パン】、この二つの銘柄が有名です。だけど超高い。世界トップクラスで高い。手を伸ばそうとも思いません。ペトリュス様は、ショーケースの向こう側で厳重に管理されているお姿を、美術品を鑑賞するような気持ちでうっとり眺めるのが良いでしょう。

そこまで有名なとこにいかなくても、盆と正月が同時にやって来て「ぐううまいワイン飲みたし！」と叫びたくなるような高テンションの日なんかに、**マンガ全巻を大人買いしたような気持ちで、ポムロールを購入する**というのも素敵かもしれません。

ちなみにポムロール地区のワインで三千円台のリーズナブルなワイン、というのも存在するようですが、飲んだこともないし飲もうとも思わないので（せっかくポムロールを飲むならいいやつを……という考えから）こちらは詳しく説明できません。クソなソムリエですみません。

フランス　ボルドー地方

Graves

フランスのボルドー地方の「グラーヴ地区」
「ボルドーなのにあえて白」なら、「グラーヴ」にする。

グラーヴ地区は「砂利」という意味ですが、土地柄的にジャリジャリしているので水はけがよく、味もすっきりで、全体的に白ワインの方が有能です。

もしもワインバーかなんかで店主に「グラーヴの白が好きです」「あのミネラル（砂利）感がたまらないんです」なんて伝えたりすれば、〝わかってらっしゃる感〟をかもしだし、「あえてグラーヴを選ぶなんて、マニアックですね」なんてほめられるかもしれません。

内心（なに知ったかぶりしてやがるんだこいつは）とは決して思いません。

ただボルドーの中ではメドック地区などと比べてしまうと、重要度はどうしても下になってしまいます。

本当はグラーヴ地区も偉大な土地なんでしょうけれど、筆者をはじめ、ワイン好きの人たちの大多数の印象としては「グラーヴは地味……」です。

ただし、グラーヴ地区の中には、みんなに一目置かれている八つの村があります。

まるで八つ墓村みたいですが、その村たちをまとめた名称が「ペサック・レオニャン地区」という土地です。**ペサック・レオニャン地区は五大シャトーの一つ、赤の【シャトー・オー・ブリオン】を生み出します。**メドック地区で造られた格付けなのに例外的に選ばれた、ボルドーに五本しかない一級品のうちの一本ということになります。

なぜそんな奇跡が起きたのでしょうか。それにはこんな逸話がありました。

フランスがナポレオン戦争に負けちゃったとき、フランスの外相はウィーン会議という戦後の処置を決める会議で、各国の首脳たちに、おいしいフランス料理とシャトー・オー・ブリオンを振る舞いました。

そうしたらかなりウケが良かったらしく、「こんな超うまいワイン造る国、あえて潰すことはないかな?」という話でまとまったそうです。

というわけで、シャトー・オー・ブリオンが五大シャトーに選ばれた要因の一つは、国を救った伝説の社交ワインとして世界的に有名になったからだといわれています。だから接待のときには縁起のいいワインかもしれません。人生、ここ一番というときには、ゲストにシャトー・オー・ブリオンを振る舞ってみてはいかがでしょうか。

フランス ブルゴーニュ地方

Française Bourgogne

経験値が上がったら、「ブルゴーニュ」をためしてみる。

日本の二大ゆるキャラが熊本県のくまもんと、我らが千葉県船橋市の英雄ふなっしーであるように、世界の二大ワイン産地は間違いなくフランスのボルドー地方、そしてこのブルゴーニュ地方ということになります。

ブルゴーニュ地方はローマ時代から修道僧たちが開墾して、すばらしいぶどう畑を作ってきた場所で、偉大なワインを生み出す畑のほとんどは修道院の持ち物でした。

修道院で醸造と聞くとなんとなく、ストイックに気難しそうなワインを造っているイメージがありますが、実際、果実感たっぷりの「わかりやすくおいしい」ワインは少なく、**飲む人の舌の経験値が求められる「わかりにくくおいしい」ワインが多い**です。

そしてブルゴーニュワインは、当たり外れがめちゃめちゃ激しいです。

ブルゴーニュは、ボルドーと比べて各生産者が所有する畑が狭いため「割高」なのが普通なのですが、〝ブルゴーニュワイン〟というネームバリューだけで売れてしまうため、上質なワインの中に、どうしても粗悪な安物も混じってしまいます。

はっきり言うと、安いブルゴーニュはたいていおいしくないです。**千円、二千円台でブルゴーニュを買えば、まずひどい目にあうと思っておいた方がいいです。**

特に一**ピノ・ノワール**ファンの筆者としては、うかつに安いブルゴーニュに手を出して、**ピノ・ノワール**にがっかりしてほしくないです。

はじめてブルゴーニュを試すときは、五千円以上はするちゃんとしたものを手に入れて、**ピノ・ノワール**の本当の魅力、そして「ブルゴーニュという土地のすばらしさ」を十分に堪能してほしいものです。

ただ、良いブルゴーニュワインであっても、ワインを飲み慣れないうちは魅力をつかみづらいと思うので、「舌が大人」になった後のお楽しみにとっておいてもいいでしょう。

反対に、**ブルゴーニュの良さがわかるようになれば、もう十分「大人の舌」**なのかもしれません。

さて、そのブルゴーニュワインの魅力といえば、まず「香り」です。

味それ自体を楽しむというよりも、時間とともに移っていく、はかなくて、**複雑な香りの表情の変化を楽しむもの**です。

極端に言えば、一口一口、かすかに変化してくるほど。

その繊細さを作りだしているのが「畑」です。

ブルゴーニュといえば「畑」で、ぶどうを育てる場所が物理的に狭いのですが、優れた畑は個性が非常にきわだっています。すぐお隣同士の畑でも、まるっきり味が変わってくるほどです。

そのためAOC（AOP）でも「地方名」→「地区名」→「村名」よりもさらにピンポイントで、**「畑名」まで表示されます。**

つまり、ブルゴーニュの格付けは、「畑」が表示されているワインが一番高級で、学校の校庭ほどの小さな畑だって、その「個性」が認められています。

それからボルドーの醸造所は〝シャトー〟と呼ばれていましたが、ブルゴーニュは自分の「畑」で穫れたぶどうを醸造する〝ドメーヌ〟という小さな生産者と、複数の農家からぶどうを買いつけて醸造する〝ネゴシアン〟という大きな生産者に分かれています。

一般的にドメーヌ発のワインは畑の個性が出やすく、ネゴシアン発のワインは欠点が少ないといわれています。人気が高いのはドメーヌですが、値段もそれなりです。買うときの参考にしてみてください。

フランス　ブルゴーニュ地方

Point
畑レベルで変わるテロワール（土地の個性）を味わおう。

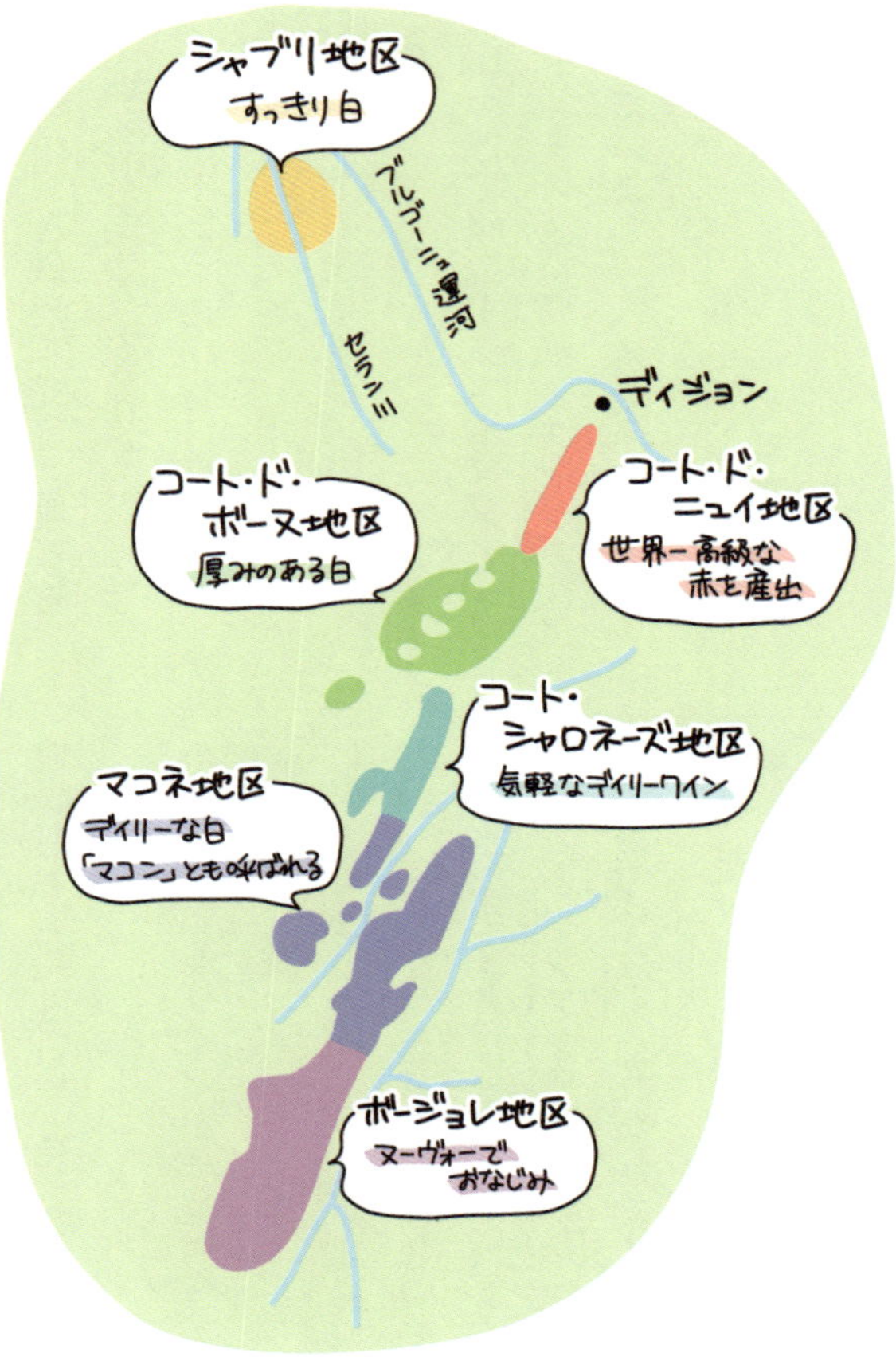

フランス ブルゴーニュ地方

Française Bourgogne

【主要品種】

シャルドネ

白

人懐こい、みんなのアイドル。産地や造り手によって味が大きく変わる。

ピノ・ノワール

赤

人を寄せつけない気品と美しさ。薔薇の香りに、赤いフルーツの味わい。

ガメイ

赤

無邪気なわがまま娘。ボージョレでおなじみ、いちごの香りの早飲みタイプ。

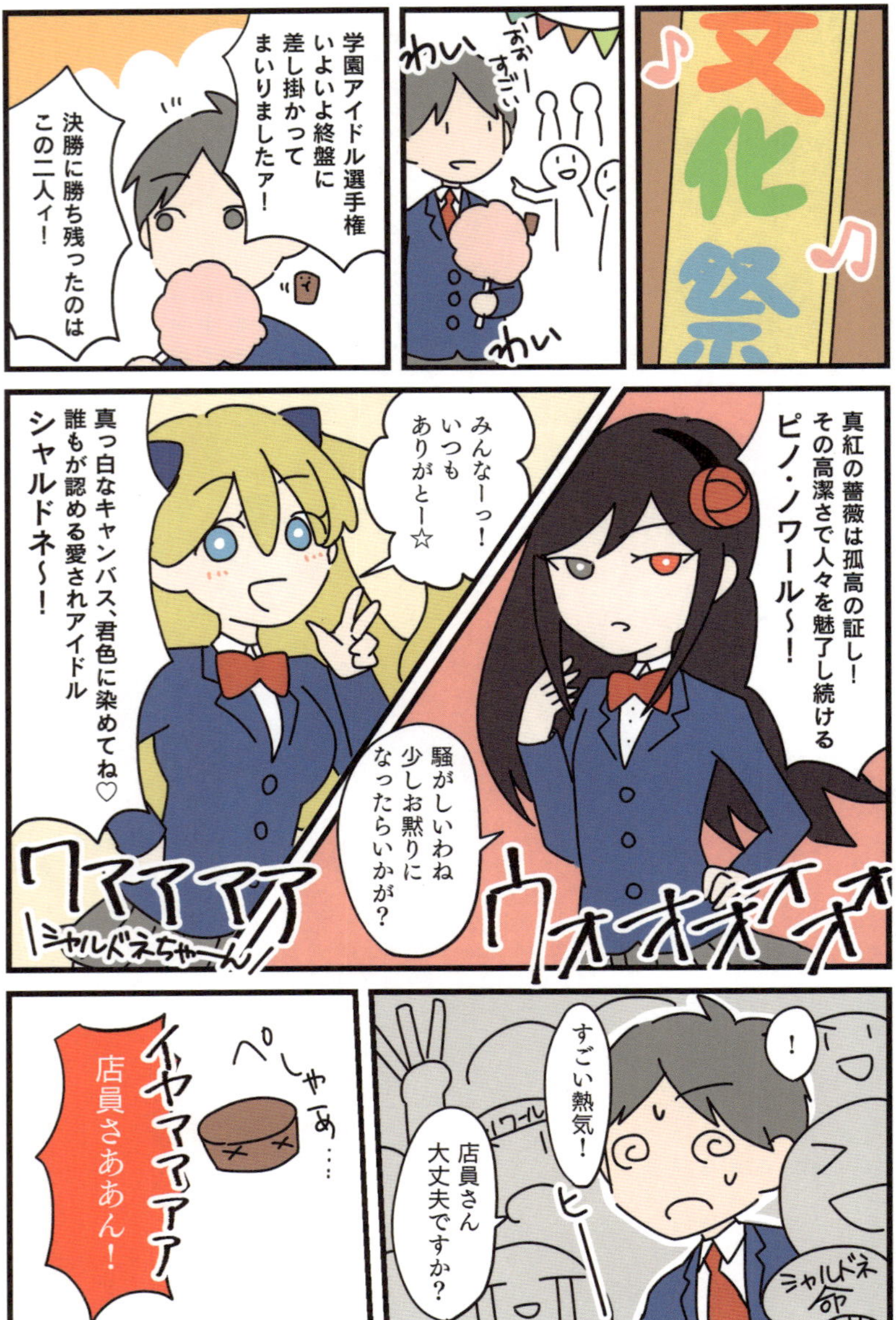
♪文化祭♪
おおーすごい
わい
わい
学園アイドル選手権 いよいよ終盤に 差し掛かって まいりましたァ!
決勝に勝ち残ったのは この二人ィ!
真紅の薔薇は孤高の証し! その高潔さで人々を魅了し続ける ピノ・ノワール〜!
騒がしいわね 少しお黙りに なったらいかが?
ウオオオオオ
みんなーっ! いつも ありがとー☆
真っ白なキャンバス、君色に染めてね♡ 誰もが認める愛されアイドル シャルドネ〜!
ワァアアアア
シャルドネちゃーん
!
すごい熱気!
店員さん 大丈夫ですか?
ヒー
ノワール
シャルドネ命
ぺしゃあ…
イヤアアアアア
店員さああん!

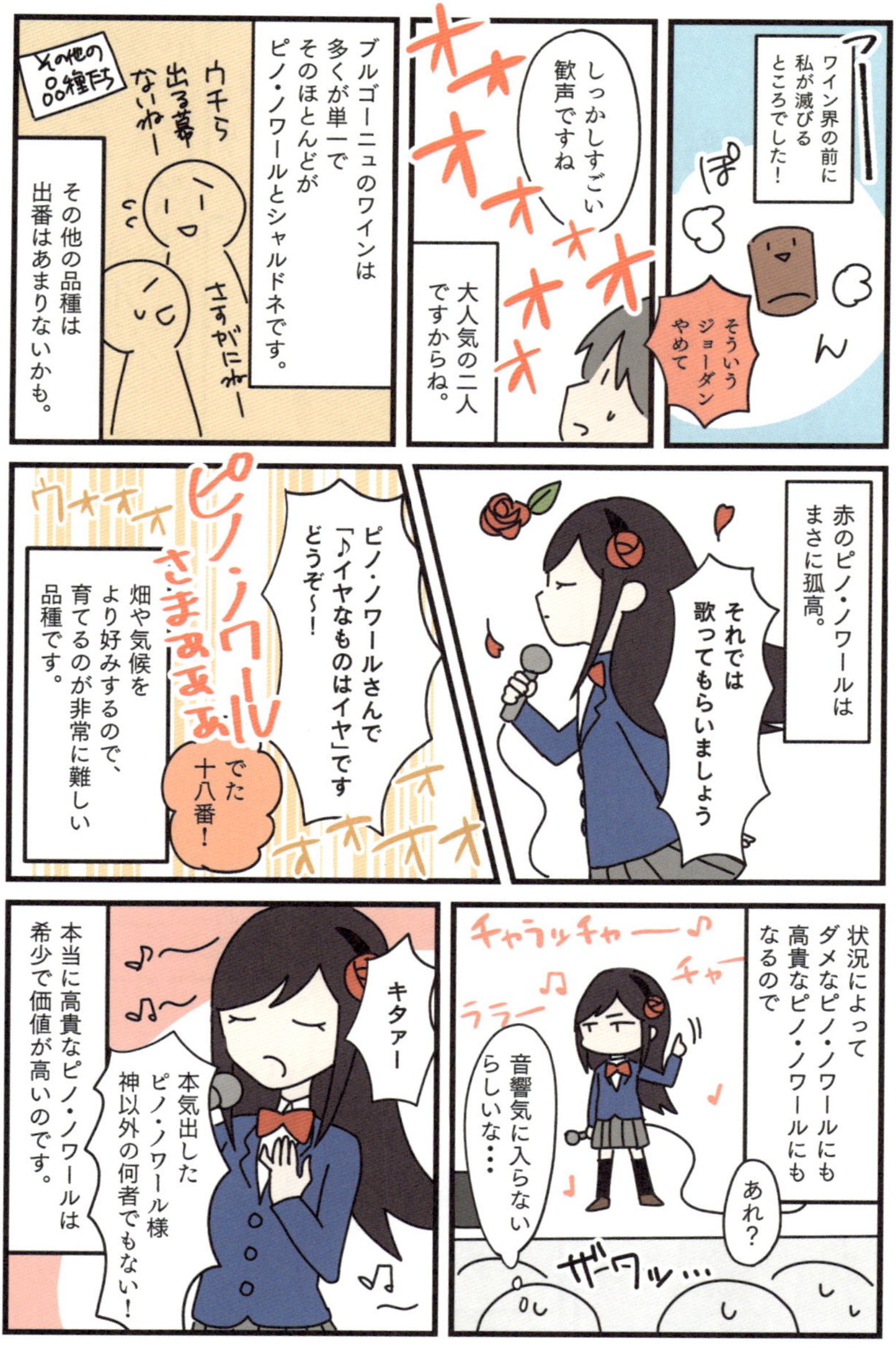
ワイン界の前に私が滅びるところでした！
アーーー
ぽ
ん
そういうジョーダンやめて
しっかしすごい歓声ですね
オオオオオオオオ
大人気の二人ですからね。
ブルゴーニュのワインは多くが単一でそのほとんどがピノ・ノワールとシャルドネです。
ウチら出る幕ないねー
さすがにねー
その他の品種たち
その他の品種は出番はあまりないかも。
赤のピノ・ノワールはまさに孤高。
それでは歌ってもらいましょう
ピノ・ノワールさんで「♪イヤなものはイヤ」ですどうぞ～！
ピノ・ノワールさまぁぁぁ
ウォォォォ
でた十八番！
畑や気候をより好みするので、育てるのが非常に難しい品種です。
状況によってダメなピノ・ノワールにも高貴なピノ・ノワールにもなるので
チャラッチャーー♪
チャー
ララー♪
あれ？
音響気に入らないらしいな・・・
ザワッ…
キタァー
本気出したピノ・ノワール様神以外の何者でもない！
本当に高貴なピノ・ノワールは希少で価値が高いのです。

以上
ピノ・ノワールさんでした〜!
パチ
パチ
ウオオオオオオオ
すばらしかったですね
カッ
カッ
スッ…
ポロッ
その第一印象は渋味《タンニン》も弱く繊細で、果実味もほどよい酸味があり—
ふわっ…
ポサッ…
ラズベリー・スミレ
なめし革・トリュフ
バニラ…など
複雑きわまる香りをまとい—
ああの…これ落としましたよ
おず…
ありがとう
お礼にそちら差し上げますわ
ニコッ…
そしてかなり長い余韻のあと薔薇の香りを幻のように残すのです—。
あら…
ザアッ…
落ちたな
あれは落ちた

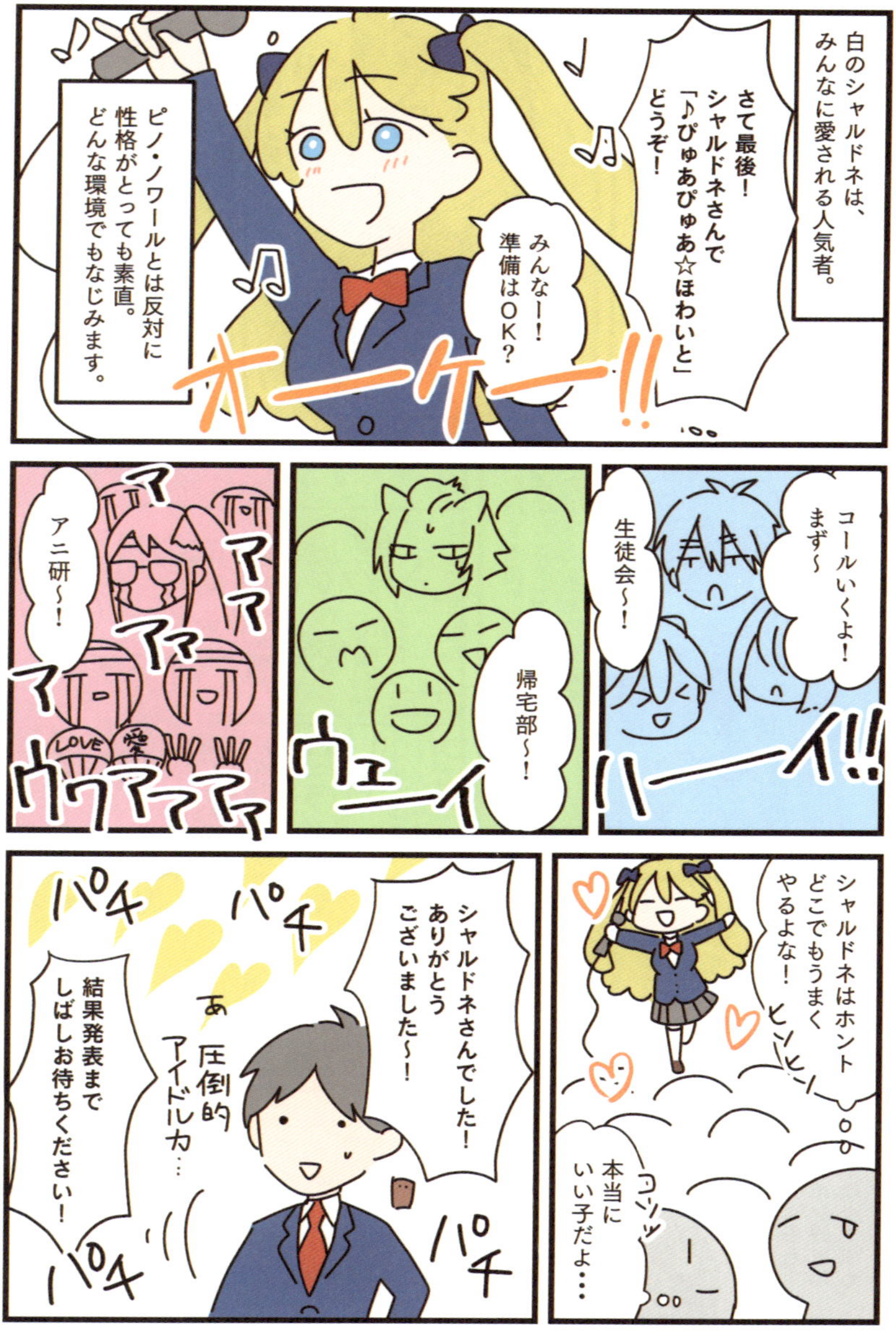
白のシャルドネは、みんなに愛される人気者。
さて最後！シャルドネさんで「♪ぴゅあぴゅあ☆ほわいと」どうぞ！
みんなー！準備はOK？
ピノ・ノワールとは反対に性格がとっても素直。どんな環境でもなじみます。
オーケー!!
コールいくよ！まず～
生徒会～！
ハーーイ!!
帰宅部～！
ウェーイ
アニ研～！
アァァァ
ウワァァァァ
LOVE
シャルドネはホントどこでもうまくやるよな！
本当にいい子だよ…
シャルドネさんでした！ありがとうございました～！
あ 圧倒的アイドル力…
結果発表までしばしお待ちください！
パチ
パチ
パチ
パチ

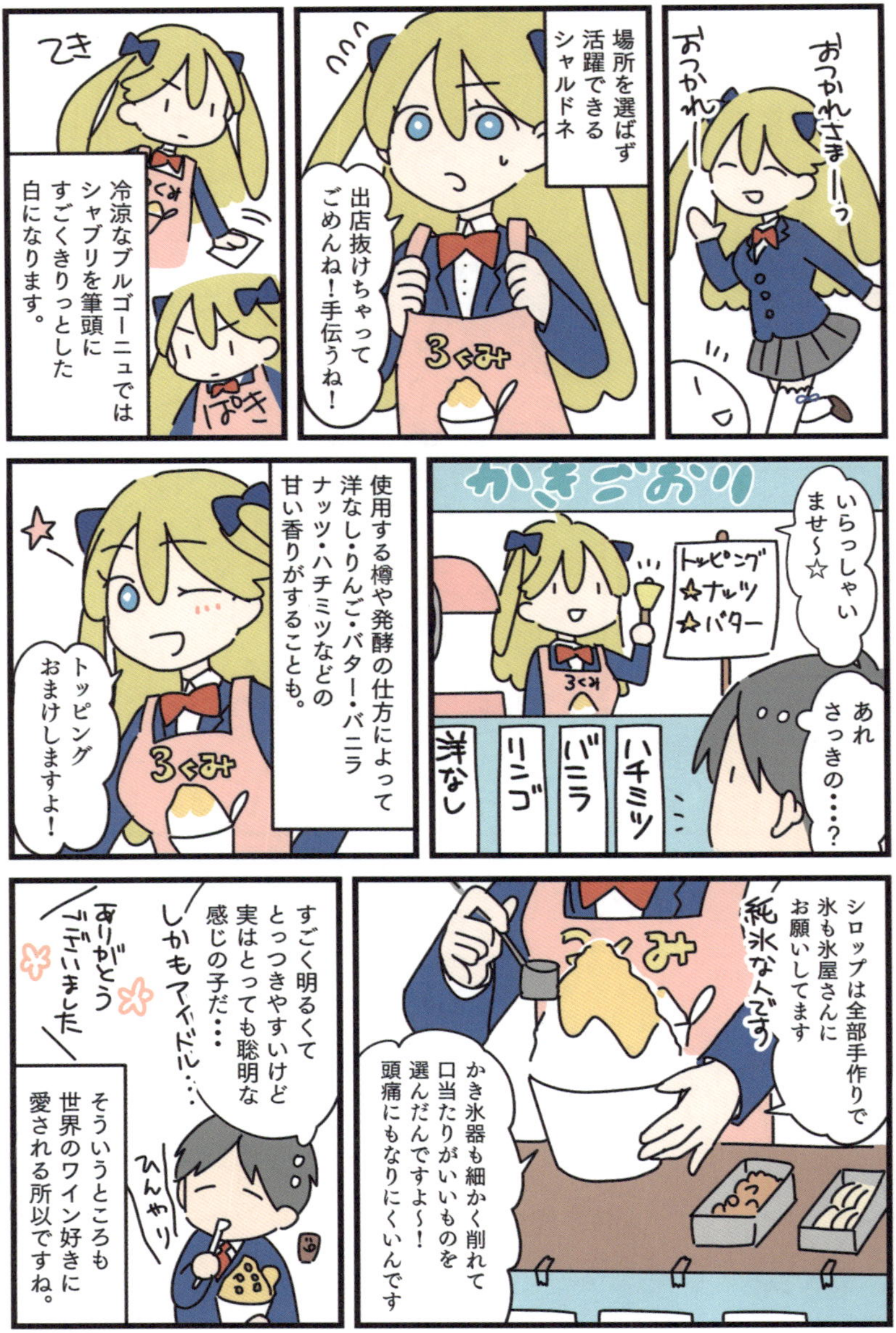

おつかれさまーーっ
おつかれーー
場所を選ばず
活躍できる
シャルドネ
出店抜けちゃって
ごめんね！手伝うね！
てき
冷涼なブルゴーニュでは
シャブリを筆頭に
すごくきりっとした
白になります。
ぱき
3くみ
かきごおり
いらっしゃい
ませ～☆
トッピング
☆ナッツ
☆バター
あれ
さっきの…？
洋なし
リンゴ
バニラ
ハチミツ
使用する樽や発酵の仕方によって
洋なし・りんご・バター・バニラ
ナッツ・ハチミツなどの
甘い香りがすることも。
トッピング
おまけしますよ！
シロップは全部手作りで
氷も氷屋さんに
お願いしてます
純氷なんです
かき氷器も細かく削れて
口当たりがいいものを
選んだんですよ～！
頭痛にもなりにくいんです
すごく明るくて
とっつきやすいけど
実はとっても聡明な
感じの子だ…
しかもアイドル…
ありがとう
ございました
ひんやり
そういうところも
世界のワイン好きに
愛される所以ですね。

アイドル選手権優勝発表始まったみたいだぜ！
いくぜー
ぼくらも聞きにいこう
ドンッ
わあ！
いてて
!?
こども!?
ご、ごめんね！お嬢ちゃん大丈夫!?
!?
もーっ
しつれいな！こどもあつかいしないで！
この子もブルゴーニュの品種ガメイ。
いちごっぽいキャンディのような風味。ちょっと生意気な姪っ子的存在です。
ガメイ！だめじゃん出てきちゃ！解禁まだでしょ！
えーっがくさいくらいいいじゃんけちー！
かの有名な「ボージョレ・ヌーヴォー」は全部ガメイの単一なんです…って
あのボージョレ！この子が！
発表終わっちゃったみたいですよ！
あーっ優勝発表！
以上ありがとうございました!!
バタ
せめて結果だけでもー
バタ
W優勝!!
W優勝!
あー…

Française
Bourgogne Chablis

フランスのブルゴーニュ地方の「シャブリ地区」
「シャブリ」にいくなら、プルミエ・クリュより上を選ぶ。

シャブリは世界一メジャーで、典型的な〝辛口の白〟ワインです。

万人に親しまれて、安定感のある味だからでしょう。ところが、一口にシャブリといってもいろいろあって、味はピンきりです。シャブリだからなんでもいいやと思って飲むと「うーん、こんなものか」とがっかりすることにもなります。

ラベルを見てみてください。一番上等なものには〝グラン・クリュ〟と書かれています。次が〝プルミエ・クリュ〟、それから普通の〝シャブリ〟、一番下のランクは〝プティ・シャブリ〟と書かれています。〝プティ〟なんていうとかわいらしくて、甘えた雰囲気がありますが、味は全然そんな感じはしません。

筆者は個人的に「プルミエ・クリュより上であればシャブリはおすすめ」ですが、普通のシャブリ以下なら、他の辛口の白ワインを選んだ方が無難なのではないかと思っています。プルミエ・クリュは高い？　そりゃそうです。シャブリは高いのが普通で、安い方が疑問なのです。シャブリは、白の最重要品種であるシャルドネが最高に輝ける舞台です。そうおいそれと「とりあえず中生ちょうだい」みたいな感じで、「とりあえずシャブリちょうだい」なんて言ってほしくないのです。

ちなみによく「シャブリには牡蠣が合う」みたいな話がありますが、フランスの牡蠣と日本の牡蠣はちょっと違うものらしいので、シャブリに合わせると生臭く感じると思います。シャブリは、できればもっとシンプルな食べ物を、たとえば塩コショウ・レモン・オリーブオイルで味付けをした白身魚のカルパッチョのようなものにはとてもよく合います。

Côte de Nuits

フランスのブルゴーニュ地方の「コート・ド・ニュイ地区」

ピノ・ノワールが好きになったら、一度は「コート・ド・ニュイ」を試す。

ワイン産地の頂点の一つと言ってもいいでしょう。

ブルゴーニュ地方の中のコート・ド・ニュイ地区&コート・ド・ボーヌ地区は、合わせて別名「コート・ドール」と言われます。

コートは「丘」、ドールは「金」、つまり「黄金の丘」という意味で、ここは世界最高級品の数々を生み出す産地。〝太陽に照らされて、黄金色に染まる丘〟という表向きの意味がある一方で、昔から「金の成る丘」だということをわかっていらっしゃったのでしょうか。

最高峰のピノ・ノワールたちが畑ごとに個性を発揮しながら、芳醇すぎる香りを秘めつつ、長期熟成に耐えているすばらしい土地です。

筆者はいくつもの幸運が重なって、【ラ・ターシュ】と【リシュブール】というワインを飲む機会にめぐまれましたが、まさに液体状の黄金を飲んだような気分でした。

コート・ド・ニュイ地区の中にもいくつか村があります。いずれのワインもレアリティが高く、日本ではバブル時代にもてはやされましたが、ただ値段が高いだけではなく、本当に偉大なワインが多いです。

フランス　ブルゴーニュ地方

マルサネ・ラ・コート村
辛口のロゼである"マルサネ・ロゼ"が人気。
フィサン村
ほとんどがピノ・ノワールの赤。
熟成を前提とする。
国道74号線
ジュヴレ・シャンベルタン村
コート・ド・ニュイ地区で一番大きい村。
特級畑が9つもあるのでよくワイン売り場で目にする。
モレ・サン・ドニ村
ジュヴレ・シャンベルタン村とシャンボール・ミュジニー村に挟まれて、両方いいとこどりしたような村。
シャンボール・ミュジニー村
透明感があってクリーンな赤。
ヴージョ村
"クロ・ド・ヴージョ"という超有名な畑を70人以上が分割して所有。
これだけ多ければ、当たりハズレはあるでしょう。
ヴォーヌ・ロマネ村
神に祝福された村。
世界一高級な赤、
"ドメーヌ・ド・ラ・ロマネコンティ"を生みだす。
ニュイ・サン・ジョルジュ村
コクがあって、ボディ感のある赤。
ひぃー
舌かみそう…

Côte de Beaune

フランスのブルゴーニュ地方の「コート・ド・ボーヌ地区」
掘り出し物は、「コート・ド・ボーヌ」でさがす。

高級白ワインの【モンラッシェ】でおなじみの、モンラッシェ村を有する産地です。モンラッシェの白の品種にはシャブリと同じように品種のシャルドネが使われていますが、辛口すっきりのシャブリよりもふくよかで、樽やフルーツの香りが強く、味に厚みがあります。

またシャブリはあくまでも料理の引き立て役ですが、**モンラッシェはそれだけでいけちゃう感じ**です。だからできれば、ちょっと温度を高めにして味わいたいワインです。

コート・ド・ボーヌ地区の中にもいくつか村がありますが、数がいっぱいあるのでモンラッシェ以外はとくに覚えなくてもいいと思います。なんとなく名前だけ覚えておいて、実際にその村名を耳にしたとき、「あっ、それはコート・ド・ボーヌ地区にある村ですね」とまで言えたら十分おしゃれ。ワインをまったく知らない人から見たら、なんて地理に詳しい人なんだろうと尊敬されることでしょう。

ペルナン・
ヴェルジュレス村
ここも無名の村のため、
質の割に値段が高すぎない。
オススメ！
ラドワ・セリニィ村
無名の村のため、質の高いワインでも
そんなに高くない。掘り出しものがあるかも！
アロクス・コルトン村
白の「コルトン・シャルルマーニュ」が有名。
サヴィニィ・レ・
ボーヌ村
繊細さと果実感の
バランスが良い
上品な赤。
ボーヌ村
コート・ドール地方で最大の村。
ボーヌ
ポマール村
ピノ・ノワールの
赤だけ。
ヴォルネイ村
複雑でデリケートな赤。
ブルゴーニュワインの中で
一番「女性的」と言われる。
ムルソー村
ミネラル感が豊富な
白ワイン。
サン・トーバン村
モンラッシェ村のとなりで
良い白を作るけど、
マイナーなので値段はひかえめ。
モンラッシェ村
シャブリよりふくよかな感じの
白ワイン。ピュリニーとシャサーニュに
分かれ、味がビミョーに違う。
サントネー村
ほとんど
ピノ・ノワールの赤。
「レグラヴィエール」が
有名。
国道74号線
掘り出し物
見つかりそう…

フランス　ブルゴーニュ地方

Beaujolais

フランスのブルゴーニュ地方の「ボージョレ地区」

ボージョレは、「ヌーヴォー」以外を試してみる。

ワインを飲む日本人ならば、【ボージョレ・ヌーヴォー】の存在を知らない人はいないでしょう。

ボージョレ・ヌーヴォーはボージョレ地区のヌーヴォー（新酒）ということになり、その**解禁日は、毎年十一月の第三木曜日**です。もしかするとボージョレワインの味が日本人の舌に合うのかもしれませんが、それよりも日付変更線の関係で日本が最も早く飲めることもあって、一つのお祭りとして定着しているようです。

もう日本人にはおなじみすぎちゃって、へたすれば日本にとっては一番有名なワインの産地かもしれません。

使われるのはガメイという品種で、ブルゴーニュにしては珍しくカジュアルに飲めるワインです。

でもあまりにもボージョレ・ヌーヴォーのイメージが強いから、たぶん多くの人に「ボージョレワインはあんまりおいしくないやつ」だと思われているんじゃないでしょうか。

たしかにヌーヴォーはぶどうを潰さず、造ってわりと早めに出しちゃうものだから、味の若さとか、酸っぱさが前面に出やすいんです。でもそのおかげで、きれいなルビー色と、新鮮な果実味を堪能できる、という言い方もできると思います。

ボージョレはヌーヴォーだけではありません。

普通のボージョレワインも一度飲んでみて、**ガメイ**のいちごっぽい、もっと言えばまるで**いちごキャンディのようなかわいらしい味**を味わってみてほしいものです。

筆者がボージョレワインを味わうとき、まるで幼女が公園で無邪気にはしゃぎまわっている姿を、遠くのベンチから微笑ましく眺めているような、そんなときめきと切なさにふと満たされるときがあります。もちろん、変質者ではありません。

フランス　ブルゴーニュ地方

フランス
シャンパーニュ
地方

Française Champagne

シャンパンは、有名なやつを贈る。

いわゆる「シャンパン」を生み出す産地です。タワーになって、一夜の夢となって消えたりする通称「泡」、かのスパークリングワインです。

ご存じのとおり、数あるスパークリングワインの中でも、シャンパーニュ地方で造られたものだけがシャンパンと表記できます。

ではシャンパンは、他のスパークリングワインとなにが違うのかというと、他のスパークリングワインと比べて、品種、熟成期間、炭酸の強さなどのルールが厳しいということです。

はっきり言って、うるさいくらいです。生産者の団体が一軒一軒チェックして回っているほどです。だから**質の悪いシャンパンとか、炭酸の弱いシャンパンというものはこの世に存在しません。**

他にもスパークリングワインなら、スペインのカヴァとか、イタリアのスプマンテとかありますが、「シャンパンがスパークリングワインの中で最強！」、とりあえずそう断言しちゃってもいいと思います。

ワインはルールが厳しいほど、品質が高くなるものです。そして少なくともシャンパンだったら、厳しいルールの中の一定基準を満たしているわけだから、おいしくないはずはないのです。

原料はシャルドネ、ピノ・ノワール、それからピノ・ムニエというシャンパン仕様のマイナーな補助品種です。シャンパンはほぼその三種類だけしか使われません。

そのうちシャルドネだけで造ったものは、〝ブラン・ド・ブラン＝白ぶどうを使った白〟、ピノ・ノワールだけで造ったものならば〝ブラン・ド・ノワール＝黒ぶどうを使った白〟という表記が加わります。ブラン・ド・ブランはすっきり感があり、ブラン・ド・ノワールは厚みがあります。どちらも高級です。

ちなみに「シャンパンでは、なにがおすすめ？」と聞かれたら、筆者は「それは贈答用ですか？」と聞き返します。

もし贈答用ならば迷わず【ドン・ペリニヨン】とか【モエ・エ・シャンドン】とか【ヴーヴ・クリコ】のようなシャンパンをおすすめします。

えー、どれもちょっとメジャーすぎない？　とお思いでしょうか。

筆者は思うんです。シャンパンって普通、お祝いのお酒、おめでたいお酒ですよね。フランスでもたぶんそうだし、世界中でもたぶんそうだと思うんですが、抜栓のときに知らない銘柄のシャンパンを見せられるよりも、有名なドン・ペリニヨンとかを見せられた方が、「おー！　ドンペリ！」というふうにみんなのテンションが盛り上がりませんか？

シャンパンというものは、いわば花束みたいなものだと思うのです。だからなるべく派手に、「お祝いの品」だとわかりやすいものがいいのではないでしょうか。

ただ、どうしても「一つ上」感を演出したかったら、【クリュッグ】もおすすめです。それからシャンパンの魅力をしみじみ大人っぽく味わいたかったら、【エグリ・ウーリエ】というシャンパンも味が繊細で奥深く、おすすめです。

いずれもゲームソフトを二、三本軽く買えちゃうくらいのお値段がしますが、大切な人のためにシャンパンをぽーんと開けてあげる快感は格別なもの。ホストクラブにはまった寂しい独身ＯＬ以外の方にもぜひ味わってほしいものです。

フランス　シャンパーニュ地方

シャンパンは誰かの人生に添える花束。

シャンパンのラベルに
「NM(ネゴシアン・マニピュラン)」と記されていたら
味が安定していてブランド力あり。プレゼント向きです

「RM(レコルタン・マニピュラン)」と記されていたら
自社の畑のぶどうだけを使って造る小さめのメーカー。

小規模生産ならではのていねいな造りで個性的。
ワイン通向き!

フランス コート・デュ・ローヌ地方

Française Côtes du Rhône

のんびりしたいときは、「ローヌ」でゆるむ。

フランスワインを飲もうというのに、あえてメジャーなボルドーもブルゴーニュも選ばず、ローヌのワインをわざわざ手に取ってみる。

ここらへんから、ちょっと「ワイン通っぽい自分」としての自覚が出てくるのではないでしょうか。

ボルドーを選ぶか、ブルゴーニュを選ぶかは「オレンジジュースか、グレープフルーツジュースか」という感覚に近く、味の傾向で選ぶことができました。

ところがローヌの場合はそうはいかず、ジュースでたとえるならローヌは「自動販売機」のようなものです。自販機にはコーヒーもお茶もジュースもあるのが普通だから、「今日はコカ・コーラの自販機ではなく、サントリーの自販機にしよう」という選び方はなかなかしませんよね。それくらいおおざっぱで、幅広い味をカバーしているのがローヌという地方です。

だから「ローヌだから飲もう」というよりも、好きな品種が使われているから、または好きな銘柄があるからたまたまローヌを選ぶということになりそうです。

ローヌは全体的に、ボルドー&ブルゴーニュに比べるとカジュアルに飲めます。

なぜかというと、ローヌには全体的にルールにとらわれない、伝統に縛られない、ゆる

〜い風土があるからです。味もばらばら。AOC（AOP）の規範からはずれた自由な「自然派ワイン」というのもたくさん作られています。

酸っぱさも、果実味もそんなに目立たない、リラックスした雰囲気の田舎のおばあちゃんっぽい味です。そういうのが、自然派ワイン好きの人にとっては魅力なのかもしれません。

「わかりやすくおいしい」し、値段も安め。するする飲めるし、飲み疲れないので、休日の早めの時間から飲むときや、大勢で飲むときなんかにおすすめです。

またローヌは、大阪の中心地のように北と南に分かれます。

北ローヌ地方でよく使われる品種は、シラーとヴィオニエです。赤はシラーだけだとスパイシーすぎるので、ちょっとだけヴィオニエをまぜることにより〝まろやかさ〟が足されるのですが、この組み合わせが非常によくできているので、新世界の中には、その作り方を真似している産地もあります。ですのでもしもシラーにヴィオニエをまぜた新世界ワインを見かけたら、「ローヌを意識してるな」とつぶやいてみてください。そうすれば、自分はなかなかのワイン通だという自覚に酔えるのではないでしょうか。

ちなみにシラーは、「シラーズ」と名前を変えたオーストラリアの方が盛んです。でもヴィオニエとの組み合わせを味わいたければ絶対、北ローヌのやつがおすすめです。

一方、南ローヌ地方でよく使われる品種はグルナッシュです。

グルナッシュが強いせいか、北ローヌと比べてしまうと、どうしても垢抜けない味というか、田舎っぽい味がします。

いわゆるボトル詰めではなく、一リットルいくらかで量り売りされているワインを、農作業を終えた村人たちがタンクに詰めて買って帰り、夕食のお伴にしているような、そんなイメージがあります。

それも**ほっとするというか、ワインの一つの魅力**ではないでしょうか。

実は南ローヌには掘り出し物が多く、特にブラン（白）にはお手頃でおいしいものもごろごろあるのですが、あまり期待しすぎることなく気まぐれに選んでみるのも案外楽しいものです。

このようにコート・デュ・ローヌ地方のワイン造りは、全体的に常識にとらわれず、自由にやっている感じが筆者は好きです。自分たちで工夫してがんばっておいしいものを造ろうね、という気概が感じられます。

おつかれっしたー
ワインは飲むし
チーズも嫌いじゃない
金曜だし ワイン買いに 来たぜ！
泥になるまで 飲むよ今夜は
でもパーティーとか でもない限り 外国のチーズを 買おうとは思わない
生ハム〜 サラミ〜 ポテチ〜 ♪
つまみは…っと
お
見た目が個性的すぎて 味や匂いが想像できなくて 怖いから？
あ
チーズね… うまそーだけど 高いしよくわからん からパス！
う？
むんず
そんな人のために すぐ真似できる 「おいしいチーズを 選ぶコツ」をご紹介します
ロックフォール
モッツァレラ
♪
え
ちょ
え？
一度でもこの世界を 知ってしまったら 生涯チーズの虜になるはず…

Point 肩の力が抜ける素朴でやさしい味わい。

フランス コート・デュ・ローヌ地方

Française Côtes du Rhône

【主要品種】

グルナッシュ

赤

あか抜けない田舎っ娘だが、将来性は無限大。いちごジャムや黒コショウの香り。

シラー

赤

元気でやんちゃな、みんなのムードメーカー。スパイシーで、重厚な味わい。

ルーサンヌ

白

いつもマルサンヌを助けているお世話役。ハチミツやあんずのような繊細な香り。

ヴィオニエ

白

ほわほわ、天然イケメン。白い花のような香りと、独特なフルーティーさがたまらない。

マルサンヌ

白

病気がちで家から出られず、ドギツいオタクに。酸味は少ないが、実は豊かな香りがある。

ワイ ワイ
いけーっ! 倒せ!
なんか対決してんのかな?
カベルネ・ソーヴィニヨン君と・・・・
ぐぐ・・・
女の子?
やんや やんや
この子は北ローヌのシラー。
今日は降参
やったーっ
力強さにかけてはカベルネ・ソーヴィニヨンに負けません。
あははは
楽しかった! また勝負しような!
コショウのようにスパイシーで力強くとにかく野性的。
シラー! 中庭で鬼ごっこしようぜ!
いくーっ!!
シラーは元気だなあ
へとへと
そんなやんちゃなシラーですが
おかえりなさいませ
熟成させるとエレガントな味わいになるんです。
そう、実はお嬢様なんですよ。

授業はじめるぞー
?
シラーはどこ行った?
先
せんせー シラーちゃん 中庭で木登りしてまーす
またあいつは・・・
ヴィオニエ 悪いが頼む
ガタッ
はぁい
彼 いつもすっごくいい匂いしますよね
彼はヴィオニエ。
シラーちゃぁん
授業だよぉ
もどっといで
マンゴーやパイナップルのような味。お花のような香りも。
あぶないよ
ヴィオニエか! 小鳥のたまごがかえったんだ!
お前も見るか?
口当たりは酸味が立たず人懐っこくまろやかで
シラーちゃん
生まれたばっかりで誰かがのぞいたらびっくりするかも
今はそっとしておいてあげよ?
・・・・・・
・・・確かにそうだ
でしょ
ひょいっ
ヴィオニエとブレンドすると、あのシラーでもおとなしくなっちゃうのです。
教室もどろ
うん

サッ
ササッ
!
あ ぼくも
グルナッシュ! 手伝うよ
シラーちゃん ありがとう… でも大丈夫だ! オラ勝手に やってるだけだから…
グルナッシュは ひとことで表現すると 「南部の田舎娘」。
ほんとー?
スペイン原産のため 乾燥や高温に強く 糖度やアルコール度数が 上がりやすい品種です。
… なんというか
素朴でお人好しな 感じだけど 雰囲気あるっていうか…
ハッ ボクは何を
あたしやっぱ 手伝いたい! 何したらいい?
…いいの? そしたら床を…
単一だと垢抜けない感じもあるのですが やんちゃなシラーが加わることで 渋味《タンニン》と酸味がしっかり出て アルコール分がやわらぎます。

わーっまた賞とったの？さすがルー・マルコンビだね！

まんが新人賞発表!!

ルーサンヌとマルサンヌは弱い者同士。でも二人が組むことでお互いの欠点を補い合いおいしいワインになります。

ルーサンヌは病気に弱く味は強いけど酸っぱすぎて単一に向かず
うれしいです！

がんばって良かったですわね！マルサンヌ！

マルサンヌは収穫量が多く「かさ増し」に使われたりもするのですがやはり病弱で単一にするには個性が弱いのです。

ルーサンヌがシナリオを書いてくれたおかげなのです！

お！

きゃいきゃい
お嬢さんがたなにかいいことがあったの？

うれしそうだね♡

あっヴィオニエ！聞いてください！

実は二人で描いた漫画が！

ルーサンヌはヴィオニエともよくブレンドされます。酸味の立つルーサンヌとまろやかなヴィオニエは相性抜群なんです。

フランス
アルザス地方

Française Alsace

「アルザス」を見たら、「ほぼドイツ」だと思う。

「ロ～ヌ」というとなんとなく気候がやさしくて、「アルザスッ！」というと気候が厳しそうな響きがありませんか。

そうなんです、アルザスは寒い。そして寒い地方といえばそう、おいしい白ワインができます。

ただアルザス地方は、フランスの中でも一風変わっています。フランスワインなのに全部「単一品種」だし、その品種もリースリングとか、ゲヴュルツトラミネールといった個性的なものばかり登場します。

おまけにボトルの形はボルドー型でもブルゴーニュ型でもない、シュッとした細長いやつです。

そしてこれらの特徴は、ドイツワインとそっくりなのです。

なぜそっくりになったかというと、ライン川を挟んで戦争をくり返した影響で、ドイツとの間で文化が行ったり来たりしたからです。気候も似ているので、中身は本当にそっくりです。ラベルをはがしてしまったら、筆者でも味の区別はつかないかもしれません。

ただドイツは甘口主体ですが、アルザスは一部の甘口を除き辛口主体です。

またAOC（AOP）は「地区」で表示されることはなく、「アペラシオン・アルザス・

コントローレ」で統一されています。土壌があまりにも複雑すぎて、同じ「村」とか「畑」でも味がバラバラだからだそうです。ですから「アルザスは品種を楽しむもの」だと覚えてください。

そのアルザス一番の主要品種は**リースリング**です。〝貴腐ワイン〟になってくれる品種ですが、そのできあがるまでのプロセスは変わっています。

アルザスという場所は霧が発生しやすいところなのですが、そのせいでぶどうがカビやすくなっています。〝ボトリティス・シネレア〟というカビなんですが、他の品種だったらたいていこのカビで死にます。でも**リースリング**はこのカビがつくことによって、水分だけがすーっと抜かれていって、ワインにとっていい感じのぶどうになっちゃうんです。水分が抜けることによって、適量の糖分だけが残ってくれるからです。

また貴腐ワインは、〝貴腐香〟という独特の香りを放つことがあるそうです。「薫り立つ腐臭」だそうです。たまりませんね。そういう悩ましげな描写は大好きです。

そんな〝貴腐ワイン〟のアレンジバージョンとして、「アイスワイン」「レイトハーベスト（遅摘みワイン）」という甘口ワインの造り方もあります。

「アイスワイン」はぶどうを凍らせて、糖分だけをしぼりとって造ります。「レイトハーベスト」はできるだけ腐る寸前、じゅくじゅくになってから摘んだぶどうを使って造ります。

ただ正直申し上げますと、筆者はがっつり長期熟成させた貴腐ワイン以外、アイスと遅摘みとの味の違いがよくわかりません。そもそも「貴腐香」が一体どんな香りなのか、嗅いだことがあるのかないのか、それすらわからないクソなソムリエなのです、ごめんなさい。ソムリエである筆者がそんなふうにあやふやなのですから、読者のみなさんも貴腐かアイスか遅摘みかというのは、あまり気にする必要はないかと思います。

あと**リースリング**のそっくりさん品種に、〝**セミヨン**〟もいます。こちらはボルドー地方のソーテルヌ地区で、やっぱり甘口白ワインとして造られますが、やっぱり貴腐化しますし、特徴もほぼ同じだと思ってもらってけっこうです。

Point ユニークな出会いから生まれる、貴腐ワインを楽しもう。

フランス アルザス地方

Française Alsace

【主要品種】

ピノ・グリ

白

ミステリアスな魅力の二面性がある。イタリアでは“すっきり”、フランスでは“重厚”になる。

リースリング

白

わかりやすいツンデレ娘。キリッとした辛口や、酸味とのバランスが良い甘口になる。

ゲヴュルツトラミネール

白

派手系のものならなんでも好きなギャル。ライチや香水のような独特の強い香り。

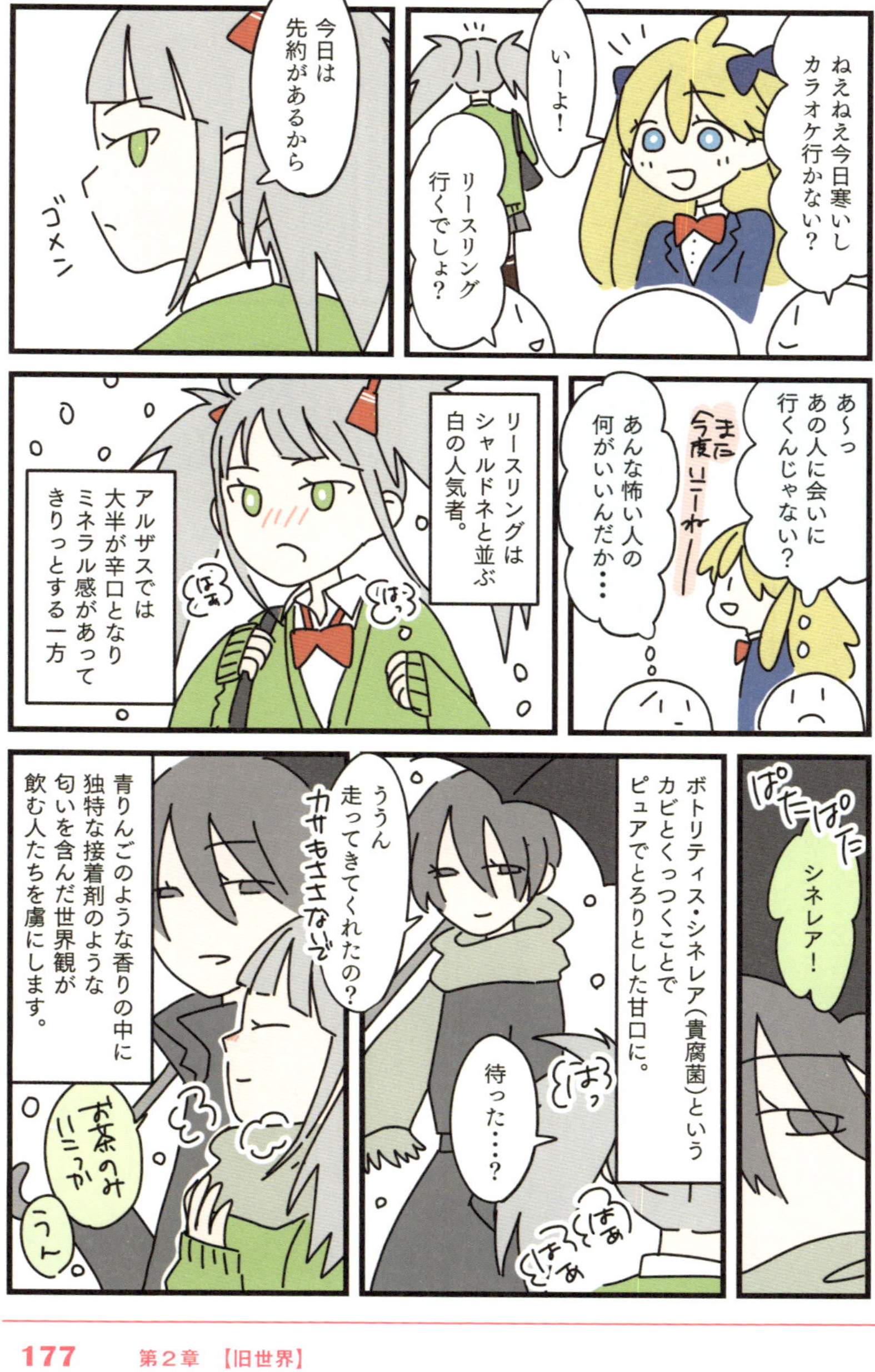
ねえねえ今日寒いし
カラオケ行かない？
いーよ！
リースリング
行くでしょ？
今日は
先約があるから
ゴメン
あ〜っ
あの人に会いに
行くんじゃない？
また今度ねーー
あんな怖い人の
何がいいんだか…。
リースリングは
シャルドネと並ぶ
白の人気者。
アルザスでは
大半が辛口となり
ミネラル感があって
きりっとする一方
はっ
はぁ
ぱたぱた
シネレア！
ボトリティス・シネレア（貴腐菌）という
カビとくっつくことで
ピュアでとろりとした甘口に。
待った…？
はっ
はぁはぁ
ううん
走ってきてくれたの？
カサもささないで
青りんごのような香りの中に
独特な接着剤のような
匂いを含んだ世界観が
飲む人たちを虜にします。
お茶のみいこっか
うん

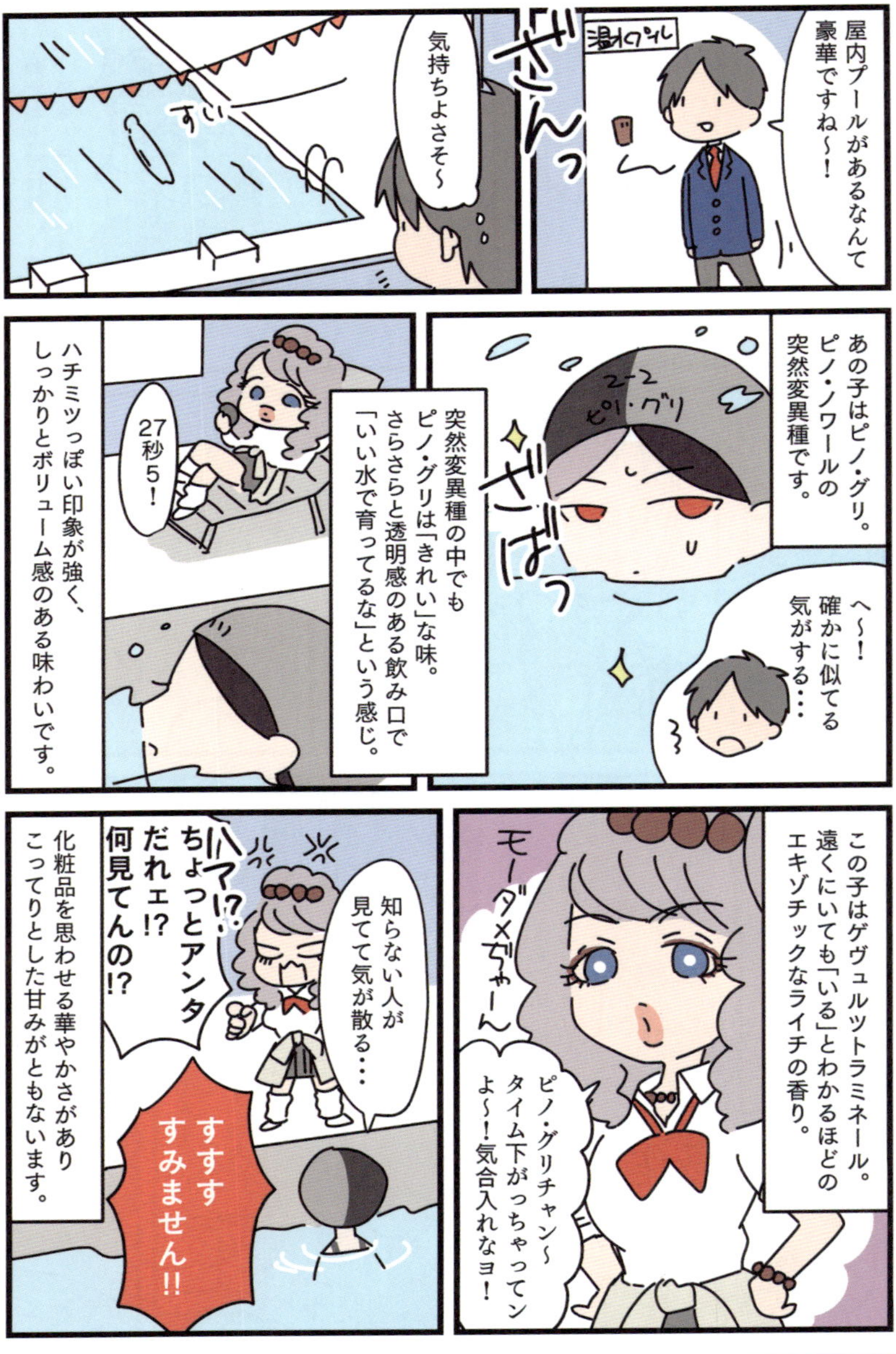
屋内プールがあるなんて豪華ですね〜!
ざぶんっ
気持ちよさそ〜
すい
あの子はピノ・グリ。ピノ・ノワールの突然変異種です。
2-2 ピノ・グリ
ざばっ
へ〜!確かに似てる気がする…
突然変異種の中でもピノ・グリは「きれい」な味。さらさらと透明感のある飲み口で「いい水で育ってるな」という感じ。
27秒5!
ハチミツっぽい印象が強く、しっかりとボリューム感のある味わいです。
この子はゲヴュルツトラミネール。遠くにいても「いる」とわかるほどのエキゾチックなライチの香り。
モーダメちゃーん
ピノ・グリチャン〜 タイム下がっちゃってンよ〜!気合入れなヨ!
知らない人が見てて気が散る….
ハア!? ちょっとアンタ だれェ!? 何見てんの!?
すすすみません!!
化粧品を思わせる華やかさがありこってりとした甘みがともないます。

フランス
ロワール地方

Française Loire

食事に合う「さっぱり白」は、「ロワール」から選ぶ。

船橋や秋葉原が〝俺の庭〟なら、ロワールは〝フランスの庭〟です。古城や庭園が、ゆったりと流れる川が、なだらかな丘陵が、豊かな田園が、そんな風景がどこまでもどこまでも広がっている風光明媚なところ、であるようです。

筆者は訪れたことはないのですが、ロワールのワインを味わうときは、そういう風景を乙女のように想像しては、うっとりしたり、頬を赤らめたりしながら飲みます。そうすると、**ワインと美しい風景とが一体となって、胸の奥を満たしてくれるような気がします。**でもふと目を開けてみれば、そこには船橋の立ち飲みバーでヨレヨレになった酔客がカウンターに突っ伏していたりします。そういう現実とのギャップがたまりません。

ロワール地方はとても大きなところです。だからローヌ地方のときと同じように、「ロワールという産地だから」というよりも、「ロワールのこの銘柄が好きだから」「使われている品種が好きだから」という理由で選ぶことになると思います。

ただロワールワインの中から**選んで損しないのは、〝さっぱりした辛口の白〟でしょう。**

実際、首都パリでは、ロワールの白ワインがデイリーワインとして最も多く飲まれるようです。衝撃的においしいわけじゃないけど、いつまでも飽きがこないシンプルな味だということになります。

ロワールは四つの地区に分かれていて、それぞれ特徴を出しています。

ペイ・ナンテ地区には、ミュスカデという品種を、澱につけっぱなしにして熟成して旨味を引き出した白ワインを造る、言いにくい名前でおなじみ〝ミュスカデ・ド・セーヴル・エ・メーヌ村〟があります。

トゥーレーヌ地区には、シュナン・ブランという品種で単一の白を造る〝ヴーヴレ村〟があります。

サントル・ニヴェルネ地区は、ソーヴィニヨン・ブランという品種の魅力を思いっきり感じられる〝サンセール村〟と、スモーキーな味がする〝プイィ・ヒュメ村〟のワインが有能です。

アンジュー地区には〝ロゼ・ダンジュ村〟があります。

ロゼ・ダンジュはちょい甘のロゼで、南ローヌ地方のタヴェル地区のロゼ、プロヴァンス地方のロゼとあわせて、三大ロゼワインと呼ばれています。フランスの三大ロゼワインはなにか？　なんていかにもクイズ番組の問題に出そうですが、「三大」というわりにどれもけっこう手頃な値段なので、ロゼが好きなら一度は飲んでみてほしいです。

ちなみに赤でもなく白でもなく「ロゼを飲む理由はなにか？」といえば、**料理を選ば**

毎日飲んでも飽きがこない、シンプルでバランスのいい白。

ないことです。

毎日食事時にワインを飲む人にとっては、「赤が合うかな」「いや白かな」と悩まなくて済むのは利点でしょうし、あと見た目がおしゃれだから（？）、きっとフランスではロゼが人気なのでしょう。

ちなみにアンジュー村では、いぶし銀としておなじみの品種**カベルネ・フラン**が珍しく「単一」として主役を張っています。

フランス ロワール地方

Française Loire

【主要品種】

ソーヴィニヨン・ブラン

白

素直で、クールな天然美少女。ハーブやグレープフルーツの爽やか系フレーバー。

ミュスカデ

白

いつも服が汚れている、さわやかドジ男。なじみやすく、シンプルですっきりした味わい。

シュナン・ブラン

白

目立ちたくないのに、逆に目立ってしまう変な子。突出したところがない不思議な味わい。

おはよ～ミュスカデ！今日も良いシュール・リー具合だね！
だっろ～☆
でもダメだぞッ☆ボクのことはちゃーんとミュスカデ・ド・セーヴル・エ・メーヌ・シュール・リーって呼
じゃまたあとでね～！
ビシッ
おいおーい！
ズコー
ミュスカデといえばほとんどシュール・リー製法―つまり澱《おり》につけっぱなしにして熟成されます。
柑橘系の香りときりっとした酸味のあるワインですがシュール・リー製法によってやさしさが加わり
……
なんていうか底抜けにさわやかな人ですね…
あらミュスカデゴキゲンね
ボクはいつでもゴキゲンさ
さっぱりとした中に奥深さが加わった飲みやすい品種です。
ちなみにミュスカ（モスカート）とよく間違えられますが、まったくの別品種です。
モスカート←
じり
じり
ケンカはやめて
フンフフン
フーン
ゴツン！
んッ？
ネギとグレープフルーツの落し物かなッ？

それ あたしの
ソーヴィニヨン・ブランのだったか〜☆
ハイドウゾ
ソーヴィニヨン・ブランはシャルドネよりもすっきり辛口。
ありがと
青っぽさ、ネギっぽさといったハーブ感が特徴的で
夏の暑さを忘れさせてくれるさわやかな味です。
ちょっと男子ィ〜！ ソーヴィニヨン・ブランちゃんをクーラーがわりに使うのやめなよぉ！
ひんやり
ひんやり
確かに何故か冷風が来る気がする・・・！
すずしい
オレも涼む
助かる
ひんやり
チラチラ見えてた白い子はシュナン・ブランですね さわやかでみずみずしくちょっと甘いです。
スパークリングワインや貴腐ワインにもなります。
名前書いてますし これだけでも覚えて帰ってくださいね!!
ちょちょっとそれだけですか!? ワタクシシュナン・ブランです！ キャッチコピーは「没個性がむしろ個性」！ 目立たないことに喜びを見出しています！ 割とどんな料理とも合いますしきっとあなたとも仲良くなれると思いますしこう見えて結構常識人ですし気持ちよくお
しゅなん ぶらん

南フランス
プロヴァンス／ラングドック地方

Le Sud de la Française

がぶ飲みしたいときは、冷蔵庫を「南フランス」で満たす。

三大ロゼワインの一つに挙げられるプロヴァンス地方のロゼ。

このロゼにぴったりのシチュエーションは、真っ白い砂浜が広がる高級リゾートのプライベートビーチで、サングラス越しに水着の美女たちを眺めながら、ちびちび飲む……としか言いようがありません。

南フランスワインに必要なのは、**開放的な場所と、開放的な人**です。南フランスの風景をよーく想像してみてください。難しそうな表情を浮かべて「ううむ、このワインはどこどこ産の何年ものの……」なんてブツブツ言ってる紳士は存在しないですよね。日焼けとアルコールで顔を真っ赤にした白人たちが、テーブルの上や足元にムール貝とかオマール海老の殻を散らかし放題、ゲラゲラ笑いながら飲んでいるイメージでしょう。

それから、南フランスにはラングドック地方のワインがあります。ラングドックは「安・うま」を売りにしているイメージが強いです。

日本でもよく見かけますが、AOC（AOP）の下に「ヴァン・ド・ペイ・ドック（IGP）＝地方ワイン」というランクがありまして、ラングドック地方はこのヴァン・ド・ペイ・ドックの八割近くを造っているんだそうです。

つまり、安ワインです。でも安ワインっていっぱいありますよね。

南フランス　プロヴァンス／ラングドック地方

ペットボトルに入っていたり、紙パックに入ってるのもあります。そういう安ワインの中でもヴァン・ド・ペイ・ドックはまだマシな方で、ある程度の品質は保証されているということです。

だから、たとえば千円台のボルドーやブルゴーニュを買うような冒険をするくらいなら、千円台のラングドックを選んだ方がはるかに賢いでしょう。

ただワイン好きの中でも、「ラングドック好き」はかなりレアです。世界でもあまり見かけないと思います。

あえてマニアックな方向をめざすのも悪くはありませんが、ラングドックはわざわざ「一本を慎重に選んで飲む」というよりも、ばーっと何本かを大量に買い込んで、大勢でワインを水のようにがぶがぶ飲みたい、という人のニーズに合っているような気がします。悪いことは申しません。太陽の下、海の近くで飲みましょう。

Point とってておきのバカンスで飲もう。

南フランス プロヴァンス／ラングドック地方

Le Sud de la Française

【主要品種】

サンソー

赤

夏の観光地が似合いそうな健康女子。桃やいちごのさわやかな香りをふりまく。

カリニャン

赤

最近、更生することができた元ヤンキー。タバコやチョコの香りと、熟した果実の味わい。

グルナッシュ

赤

あか抜けない田舎っ娘だが、将来性は無限大。いちごジャムや黒コショウの香り。

やばっ
予鈴鳴った
ポロッ
おい
落としたぞ
あ
ごめん
ありが…
と…
!!
お前うわさの
転入生か！
おっ!?
よろしくな！
俺カリニャン
カリニャンは
昔は安ワイン用の
品種でした
これ
お近づきの印にやる
たばこチョコ
たばこ
チョコ
タバコ・なめし革・鉄
インクなど…ちょっと
ハードボイルドな香り。
今では
樹齢五十年～七十年ほどの古い木から
良いカリニャンが育ってるんですよ。
はーはー
あれ
見た目怖いけど
いい人だ
あ
ありがとう…
ございます
よろしく…
お願いします
樹齢の高い木で育った品種は
V・V(ヴィエイユ・ヴィーニュ)と
記されています。
またな―
ちりりん♪
V.V
探したら見つかるかも？

個性的なワインに出会いたいときは、イタリアワインを選ぶ。

これまでお伝えしたようにワインにはいろいろな特徴があるのですが、そのすべてのお手本はフランスにあります。

だから「ワインはフランスしか飲まないわ」などとおっしゃるお嬢様の言葉は高飛車に聞こえるかもしれませんが、ワインの追っかけ方としてはそれもありだと思います。フランスさえおさえておけば、ワインのかゆいところにはすべて手が届くからです。

ただワイン知名度では、フランスに負けていないのがイタリアです。

お店でもけっこうな確率で遭遇するので、なんとなくシカトできない雰囲気があります。

では、どういうときにイタリアワインを飲むべきか。

イタリア料理を食べるときに飲みましょう。もしくはイタリアワインが好きなら、イタリアワインを選んでもいいでしょう。以上です。

それでは答えになっていないでしょうか。

でもイタリアワインは追いかけるのが難しいのです。イタリアワインの大きな特徴は、途方もない「バラバラ感」にあるからです。筆者はイタリアワインの味は大好きですが、イタリアワインを勉強するのは嫌いでした。

イタリア

イタリアは地中海的な気候のおかげで、苦労せずにどこでもぶどうが育ち、地酒ならぬ〝地ぶどう〟みたいなのがいっぱいあって、なにせイタリアで作られるぶどうの品種はめっちゃ多いのです。

どれくらい？　推定二千種類くらい。

はい！　ここで設定おかしくなりました！　イタリアワインの専門家でもない限り、これだけの品種の味を網羅することは困難です。

ではなぜこんなに品種が増えてしまったかというと、イタリアではワイン法を設定するのが遅かったからです。気候に恵まれすぎていたから、きっとワイン造りというものについてあまり深く考えなかったんですね。

フランスはワイン法を設定するのが早く、長い年月にわたって品種の数をコントロールし続けてきました。そのおかげで「この産地の、この品種がおいしい」という整理整頓ができていました。

一方でイタリアではじゃんじゃん新しい品種を作りまくって、その結果、数えきれないほどの品種が生まれてしまいました。

ワイン用のぶどうとして認められている品種だけでも、五百種類近くあるようです。

なんていうと、イタリアワインがまるで去勢手術を怠ったために雑種の猫だらけになった公園、みたいなイメージをもたれてしまうかもしれませんが、とんでもありません。**味はフランスワインに劣るということは決してありません。**フランスが「気品」なら、イタリアは「自由」、一度はまると大好きになります。

ただバラエティ豊かな品種が、バラエティ豊かな土地で育てられているため、**「当たり外れ」がちょっと激しめ**、と覚えておいてください。反対に個性的なワインと出会いたかったら、直感にまかせてイタリアワインを選んでみるのも面白いかもしれません。

地方による違いはどうでしょうか。

フランスにとっての二大産地、ボルドー地方・ブルゴーニュ地方は、イタリアのトスカーナ州・ピエモンテ州にあたります。

トスカーナ州で、有名すぎるくらい有名なワインが【キャンティ】でしょう。キャンティでよく使われるのは**サンジョベーゼ**という品種で、チェリーっぽさがしっかり、渋味は**カベルネ・ソーヴィニヨン**よりやさしく、酸味は**ピノ・ノワール**よりやさしい、バランスの取れた味です。

イタリアワインといえばキャンティキャンティともてはやされていますが、このキャンティがなにかといえば〝トスカーナ州のキャンティ地方で造られたワイン〟ということになります。

ところがイタリアは以前、ワインに関するルールがアバウトだったため、キャンティが売れるから、キャンティ地方のまわりの地方の人たちも、キャンティってラベルに書いて売りはじめちゃったんです。

「なんかキャンティってうまいらしいぜ」っていう買い手と、「とりあえずキャンティって書いておけば売れるから」という売り手の利害が一致したおかげで、おいしいまずいを問わず、あちこちでキャンティが大量に造られるようになりました。ワインを飲みにくるお客さんも、気軽に「キャンティください」って頼むし、置いてないと「ええ？　キャンティないの？」ってなってしまいます。だからワインにこだわりがあるお店もそうじゃないお店も、とりあえずキャンティを店に置いておいた方がいいんじゃないかということになります。そんなことをくり返すうちに、**トスカーナ州はキャンティだらけになりました。**

このままではいけない、ということになり、あとから「昔からキャンティを作っている地方だけが【キャンティ・クラシコ】を名乗ってよい」というルールが定められました。

言わば、よく観光地のお土産物屋で見られるような「元祖キャンティ」「正真正銘キャンティ」みたいなことですね。でもキャンティ人気に歯止めは利かず、今度はキャンティ・クラシコのぶどう栽培面積もどんどん広くなっていくという事態が起こり、品質もバラバラ、値段も千円台のものから一万円台のものまでピンきりになりました。

おいしかろうがまずかろうが「シャブリ」と命名しておけば売れるというのと似たような現象ですね。

だから有名なワインだからといって、信頼しすぎると「あれ?」ってなるかもしれません。でも有名というのはそれなりの理由があるわけで、おいしいキャンティ（そこそこ値段が高い）は本当においしいものです。

トスカーナ州にはもう一つ面白いジャンルがあります。

それが〝スーパートスカーナ（スーパータスカン）〟と呼ばれるワインです。

ワイン法を気にしないで造ったワインで、**イタリアなのに、ボルドーのやり方で造られています。**

フランスの格付けの〝旧：AOC（現：AOP）〟に対して、イタリアでは〝旧：DOCG（現：DOP）〟といいます。正式には以前までは「デノミナツィオーネ・ディ・オリージネ・

イタリア

コントロッラータ・エ・ガランティータ」、そして今では「デノミナツィオーネ・ディ・オリージネ・プロテッタ」と言うんですが、舌を噛みすぎて死にそうなので覚えなくてけっこうです。

イタリアワインで産地保証されているものには、このDOCG（DOP）の頭文字が入った一文が書かれています。AOC（AOP）のように、その中に地名は入りません。ただ書かれています。

で、このスーパートスカーナはワイン法をシカトしているのでDOCG（DOP）ではありません。だから扱いとしてはイタリアの基準に合わないというだけで、テーブルワインのようなものなんです。**テーブルワインなのに、【ルーチェ】とか【サッシカイア】のような高級ワインが生まれ**、「イタリアのワイン法を無視したらおいしいじゃないの！」ってな人気が出て、またたくまに高級ワインになっちゃいました。おまけに質が高いものは後からDOCG（DOP）に認められる、なんていうことすらも起きてます。〝スーパー〟をつけると世界的にウケるのはマリオだけじゃないのですね。

しかしなんでワイン法を無視してまで、こういうワインを造ろうと考えたかというと、筆者は思うのですが、イタリアの人って自分のところの土地に強い誇りをもってるんじゃないでしょうか。「おれたちの土地が世界最高だ。スーパートスカーナを造れば、ボルドーも超えちゃうんだ」みたいな。それが実際どうなのかだれも証明はできません。飲んだ人一人ひとりが決めることなのでしょう。

ピエモンテ州はネッビオーロという品種でおなじみです。葉巻、チョコなどのずっしりフレーバーとずっしりタンニンが大きな特徴です。このピエモンテ州×**ネッビオーロ**の組み合わせは、フランスのボルドー地方×**カベルネ・ソーヴィニヨン**と並び称されます。

ネッビオーロは、有名な高級ワインであるバローロ村で造られる【バローロ】と、クオーネ県で造られる【バルバレスコ】でしか見かけませんが、いずれもアメリカで人気が出たのを皮切りに、高値で取引されるようになりました。アメリカ人の口によく合うワインというだけで、なんとなく味の想像がつく方もいるかもしれません。

イタリアは州の数が多いですが、品種や土地が多種多様で「この産地なら、こういう味」という特徴をつかむのは難しいです。

だから「ワインがわかった気になる」ためなら、トスカーナとピエモンテの二つの州を覚えておけば十分でしょう。

ハズレも多いが、当たったときにはとんでもなくでかい、そんなギャンブル感もイタリアワインの大きな魅力の一つです。

イタリア

Point 気まぐれすぎるが、秘められた力がすごい国。

イタリアワインの
格付け
D.O.P.（旧D.O.C.G./D.O.C.）
最も厳しく管理されているワイン。
ワインだけでなく、チーズやオリーブオイルや
バルサミコ酢などにも表記される。
I.G.P.（旧I.G.T.）
いわゆる地酒。ラベルには、
使用されているぶどうの品種と生産地が表示されている。
Vino（旧V.d.T.）
生産地の表示なし。
最下位でありながら、スーパートスカーナもあったりする。
じっ…

2008年までの
旧格付け
D.O.C.G.
最も厳しく管理されているワイン。
D.O.C.
一定の審査が定められているワイン。
I.G.T.
その地域の品種を85%以上使っているワイン。
V.d.T.
特に規定のないテーブルワイン。
スーパートスカーナがある。
旧格付け（2008年まで）
D.O.C.G/D.O.C.
新格付け
D.O.P.
に統一されました。
フーン

イタリア

Italie

【主要品種】

ネッビオーロ

赤

「バローロ」で知られる世間知らずの王子様。長期熟成に耐えられる、重厚でふくよかな味わい。

モスカート

白

かわいい弟タイプだが、実は腹黒かも。甘い香りと味わいで、若い女性に大人気。

ピノ・グリ（仏）改め ピノ・グリージョ（伊）

白

ミステリアスな魅力の二面性がある。イタリアでは“すっきり”、フランスでは“重厚”になる。

サンジョベーゼ

赤

「キャンティ」でおなじみ、芯の強いリーダータイプ。渋味《タンニン》と酸味のバランスにすぐれる。

これ子供の頃のサンジョベーゼ？

わーーめっちゃかわいい～！

太陽をいっぱいに浴びて育てられるサンジョベーゼはイタリアで最も多く栽培されている品種です。

もーはずかしいなー
ねーねーそれよかさ昨夜の世界ぶどう紀行見た？

変な番組が
見た見た！あの新品種すごいイケメンじゃない？

ねー！めっちゃカッコイイよね！

サンジョベーゼ今日放課後あいてるか？
・・・！いいよじゃあ視聴覚室で
どこにでもいそうな親しみやすさを感じさせながらテーブルワインも高級ワインも上手に演じ分けます。
チェリーのような甘酸っぱさで渋味《タンニン》は弱めなのですが
視聴覚
使用中
立入禁止
ボルドーの使者！カベルネ・ソーヴィニヨン！
トスカーナの使者！サンジョベーーーーーゼッ！
カベルネ・ソーヴィニヨンとブレンドされることにより、「スーパータスカン」という力強いワインになることも。
ふたりはスーパータスカンッ！
よしもう一度だ
オウ
※他のブレンドもあります。

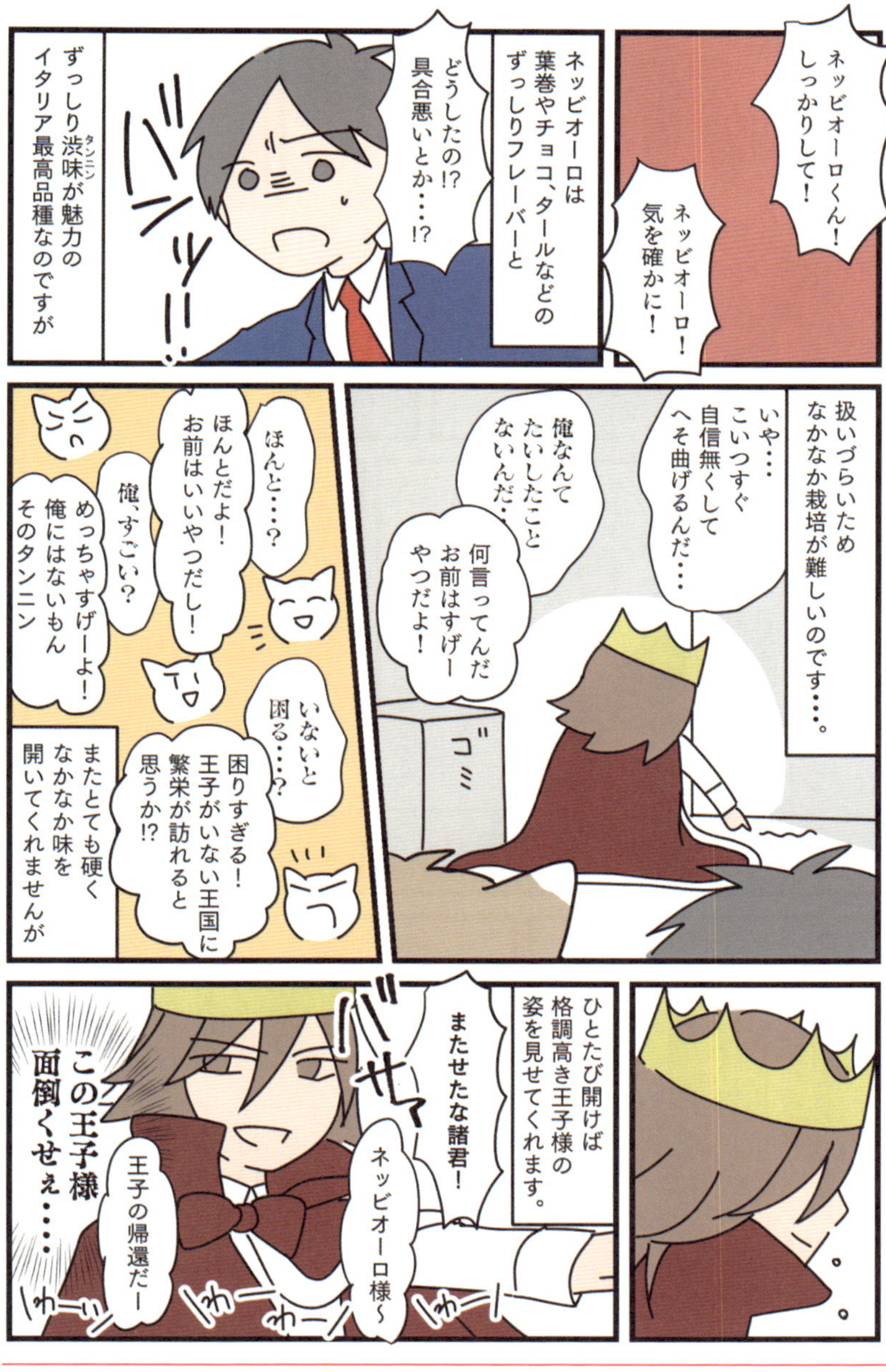
ネッビオーロくん！しっかりして！
ネッビオーロ！気を確かに！
ネッビオーロは葉巻やチョコ、タールなどのずっしりフレーバーと
どうしたの!? 具合悪いとか・・・!?
ズシッ！！
ずっしり渋味《タンニン》が魅力のイタリア最高品種なのですが
扱いづらいためなかなか栽培が難しいのです・・・。
いや・・・こいつすぐ自信無くしてへそ曲げるんだ・・・
俺なんてたいしたことないんだ・・・
何言ってんだお前はすげーやつだよ！
ゴミ
ほんと・・・？
ほんとだよ！お前はいいやつだし！
俺、すごい？
めっちゃすげーよ！俺にはないもんそのタンニン
いないと困る・・・？
困りすぎる！王子がいない王国に繁栄が訪れると思うか!?
またとても硬くなかなか味を開いてくれませんが
ひとたび開けば格調高き王子様の姿を見せてくれます。
バサァ
またせたな諸君！
ネッビオーロ様～
王子の帰還だー
わーー
わーー
わー
わーー
この王子様面倒くせぇ・・・・

あー なんか つかれた
キャーッ カワイー
ん?
なんだか 可愛らしい 歌声が
キャー
みんな〜! ぼくのCDと ブロマイド
買ってくれた カナ〜〜〜!?
買ったあーー
甘口に造られることが多く 女子ウケ最高!
グッズ紹介 しまーす
ハーイ
それがモスカートです。
すごいとこ来ちゃった
モスカートはミュスカデよりもフルーティーで名前のとおりマスカットを食べているようなお味。
新グッズはこちら ジャコウネコ ジャッキーの
クリア ストラップ〜!
ムスク(ジャコウ)の香り。
キャー カワイー!!
カワイくはないよな
モスカートを使ったワインは
では 「アスティ・スプマンテ」 「モスカート・ダスティ」 二曲続けて聞いてください
が有名。
ス…
アテられた…
口当たりが良すぎて 飲み過ぎてしまわないように ご注意!

とととと
あ
ピノ・グリさんでしたっけ
こないだプールにいた…
あの子は
ピノ・グリージョですね。
ピノ・グリ(仏)のイタリア版です。
？
全然違いが
わからないですけど…
そーゆーの
モテませんよ
ほっといて
ください
どちらも白で
きれいな飲み口ですが
重ッ…
ピノ・グリが
熟成された重厚感のある
高級な味わいであるのに対して
ピノ・グリージョはすっきり。
ニッ…
うわっ
なんか微笑んでる！
全部反対だ
おもむろに
スチャ
がぶがぶいける感じだけど
酸味が立っているわけでもない
カジュアルな味わいになります。
カジュアルとは…

スペイン

Espagne

ずっしり感が欲しいとき、「テンプラニーリョ」を飲む。

スペインといえば、濃厚な赤。情熱的な赤。

スペイン料理を食べるとき以外、どういうときにスペインワインを飲みたくなるか。それはもちろん躍動する闘牛のような、陽気なフラメンコダンサーのような、そんなパンチが欲しい夜です。

そういう夜はありませんか。筆者にはそういう夜があるんです。

なんにしても、スペイン＝情熱の国という偏ったイメージだけではなく、本当にスペインワインの液体にはそういった情熱的な成分が物理的に入っている気がします。飲むと情熱的になるのです。

ちなみにスペインにも「リオハ地方」とか「ペネデス地方」とかという地域分けがありますが、地域で選ぶよりも、品種で選ぶか、お酒の種類で選ぶことをおすすめします。

スペインの品種といえば、赤の「テンプラニーリョ」です。

〝早熟〟という意味を持つスペイン固有の最高品種で、スペインの広範囲にわたって栽培されており、どれくらい広範囲かというと、スペイン国内でも「ウイ・ダ・リャブラ」「センシベル」「ティンタ・デル・パイス」など呼び名がころころ変わってしまうほどです。

それだけスペインのみんなに愛されている**テンプラニーリョ**は、香りが高く、濃密な味。熟したフルーツ系で、けっこうパワフル。六つの品種と比べるなら、**メルロー**が好みの人は、わりと好きだと思います。ちなみにおすすめはリオハ地方の【マルケス・デ・リスカル】というワインです。おいしいです。スーパーとかでも売ってます。

またスペインならではのワインといえば、ペネデス地方でよく造られている〝カヴァ〟でしょう。日本でも浸透しているスパークリングワインで、よくシャンパンコーナーの隣に置かれています。筆者はスパークリングワインを誰かに贈るのではなく、自宅で飲みたいときに迷わずカヴァを買って帰ります。

カヴァはお手頃価格なのに、基本的な造り方がシャンパーニュと同じで、全体的にすごく質が高いからです。ケチケチとシャンパンをなめるように飲むくらいなら、カヴァをがぶがぶごくごく飲んじゃった方が、爽快さを味わいたい本来のスパークリングワインの目的を果たしているような気もします。

それからスペインといえば〝シェリー〟です。

シェリーというのはブランデーを添加して造るワインなのですが、味の幅がとても広く、すっげえ甘口もあれば、すっげえドライなのもあります。

甘いのは、本当に甘いです。黒蜜シロップみたいです。辛いのは白ワインをどんどんドライにしていって、フルーツ感を消去した感じで、ちょっと紹興酒っぽいです。

シェリーに似たものとして、ポルトガルには〝ポートワイン〟や〝マディラ・ワイン〟があるのですが、いずれも保存をきかせるためにアルコール度数を上げてるので、冷蔵庫に保管しておけばけっこう長持ちします。

大航海時代に活躍したスペインもポルトガルも海に囲まれていて、航海頻度が高いから「持ちがいいワインがほしい」ということで造られたわけです。

こういう後からアルコールを添加して造られるワインを、酒精強化ワインと言って、どれも基本的には食後酒として楽しまれています。

ちなみにシェリーの貯蔵用に作られた樽は、シェリー樽としてウイスキーの貯蔵にも使われています。シェリー酒の香りや味や色が加わることで、深みのあるウイスキーになるのです。

スペイン

Point 気分を高揚させたい夜は、情熱の国のワインを飲む。

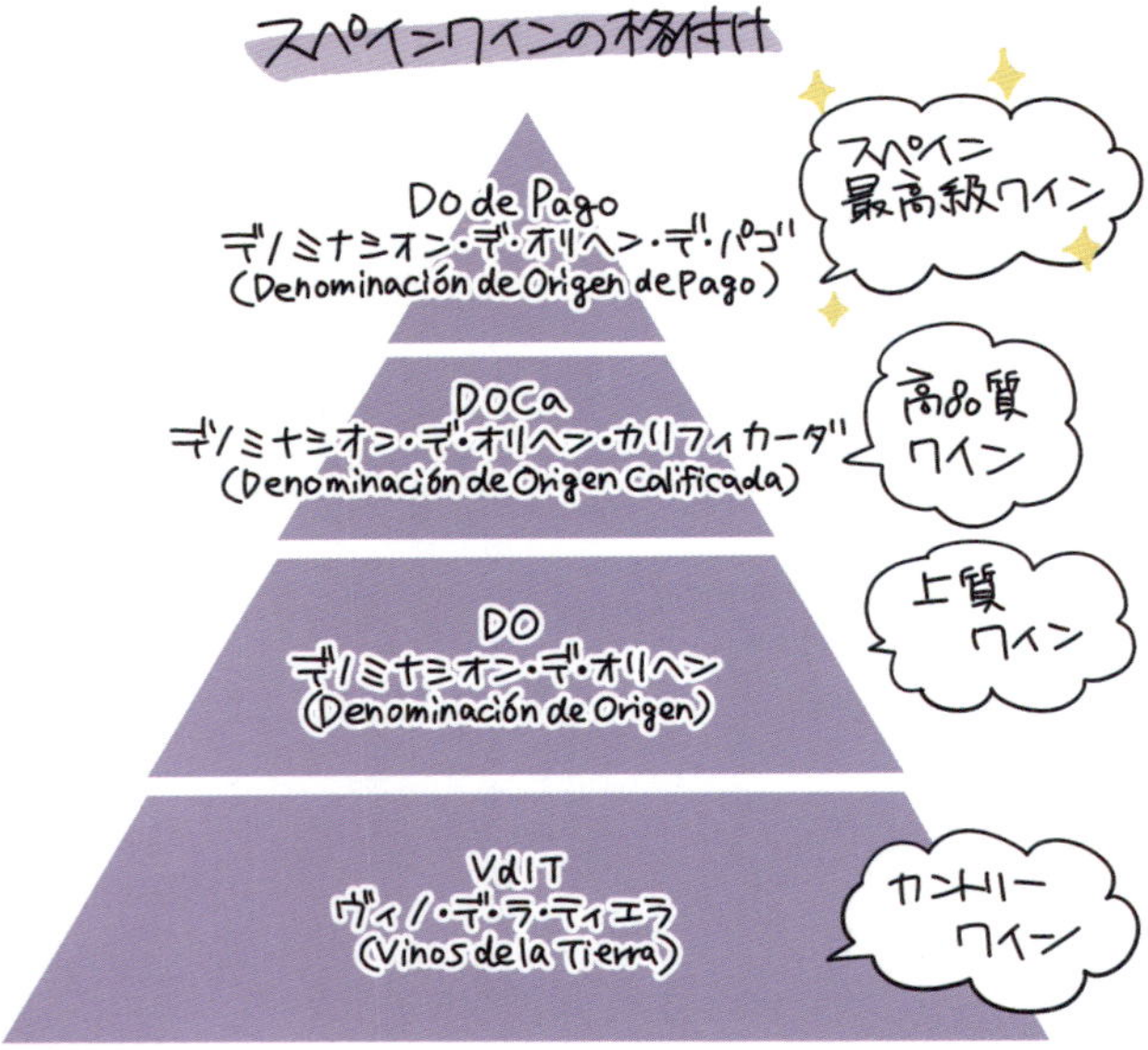

熟成に関するラベル表示

Crianzá
熟成期間が長い。

Reservá
熟成期間がもっと長い。

Grand Reservá
優れたヴィンテージのときだけ造られて、熟成期間がめっちゃ長い。

スペイン

Espagne

【主要品種】

カリニャン（仏）改め
カリニェーナ（西）

赤

タバコやチョコの香りと、熟した果実の味わい。グルナッシュとよく混ぜられる。

テンプラニーリョ

赤

キザで情熱的なダテ男。プラムやダークチェリーなど、黒系フルーツの力強い香り。

グルナッシュ（仏）改め
ガルナチャ（西）

赤

いちごジャムや黒コショウの香り。カリニェーナとよく混ぜられる。

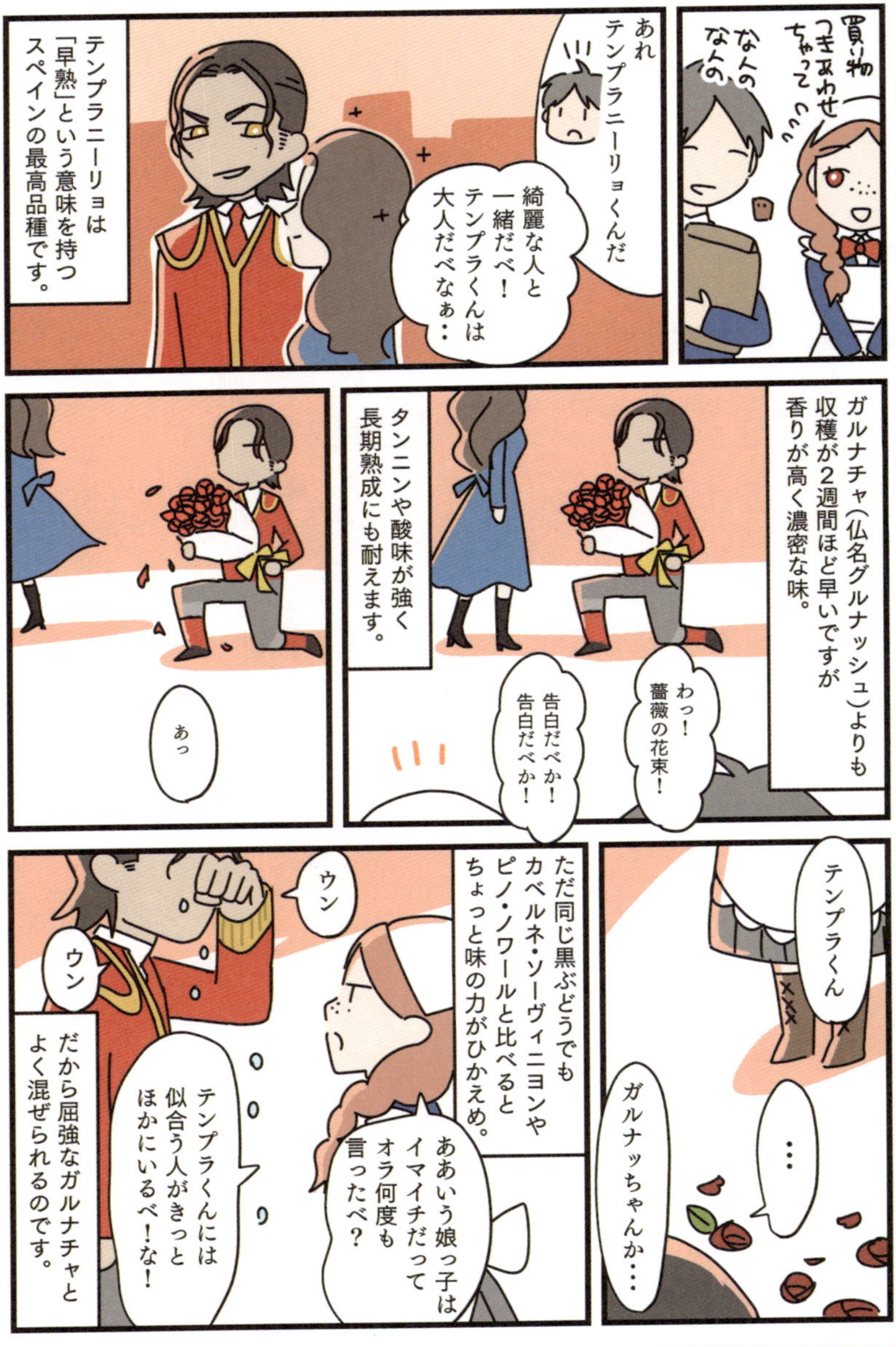
買い物つきあわせちゃって…
なんのなんの
あれ テンプラニーリョくんだ
綺麗な人と一緒だべ！テンプラくんは大人だべなぁ…
テンプラニーリョは「早熟」という意味を持つスペインの最高品種です。
ガルナチャ(仏名グルナッシュ)よりも収穫が2週間ほど早いですが香りが高く濃密な味。
わっ！薔薇の花束！
告白だべか！告白だべか！
タンニンや酸味が強く長期熟成にも耐えます。
あっ
テンプラくん
…
ガルナッちゃんか…
ただ同じ黒ぶどうでもカベルネ・ソーヴィニヨンやピノ・ノワールと比べるとちょっと味の力がひかえめ。
ウン
ウン
ああいう娘っ子はイマイチだってオラ何度も言ったべ？
テンプラくんには似合う人がきっとほかにいるべ！な！
だから屈強なガルナチャとよく混ぜられるのです。

そうだよな！
わかったよ
ガルナッちゃん！
当たって砕けろ
数撃ちゃ当たる！
全然わかって
ないけど
まあその意気だ！
テンプラニーリョは
醸造の仕方によって
親しみやすいワインと
厳格なワインに分かれます。
兄です
お兄さんは
すごく
ビシっとした
人なのに
なんでこう…
主にリオハ地方では
まろやかな酸味に。
ペネデス地方では
しっかりとした渋味に。
ちなみに
ガルナッシュ(仏)は
スペインでは「ガルナチャ」
カリニャン(仏)は
スペインでは「カリニェーナ」と
呼ばれていますが
南フランスと距離が
近いこともあって
特徴はほぼ同じ。
ガルナチャと
カリニェーナは
お互い似たもの同士で
スペインでも相性がいいんですよ。
イモ食うけど。
食う
ほっこり…

ドイツ

Allemagne

白ワイン用ぶどうを、はじから攻める。

長年にわたってフランスと領土争いをくり返し、お互いの文化が行ったり来たりした影響で、ドイツワインはお隣フランスの**アルザスワインとよく似てしまいました。**そしてそのワインによく合う酢漬けのキャベツや、豚肉の煮込み料理といった郷土料理までかぶってしまいました。

ドイツは甘口主体、アルザスは辛口主体ですが、どちらも白ワイン王国と呼ばれているし、貴腐ワインもあるし、おまけにメインで使われている品種が**リースリング**だという点も類似しています。

ここまでは「似てるね」で済まされるのですが、ドイツワインはやばいのです。どうやばいかというと、**名称がやたらと覚えにくい**のです。たとえばアルザス地方で使われる**ピノ・グリ**という品種は、ドイツでは**グラウブルグンダー**という別名になります。**ピノ・ノワール**は、**シュペートブルグンダー**に変わります。響きが違いすぎてイメージが重なりづらいし、なによりもかわいくないです。

他にも同じくアルザス地方で使われる**ゲヴュルツトラミネール**という品種や、ドイツで最も古株の品種といわれる**ミュラー・トゥルガウ**などもそうですが、どの品種の名称もなんとなく全身が筋張っていて、骨が太そうだな、という印象を受けます。

ドイツ

またフランスの地方指定優良ワインにあたる「ＡＯＣ（ＡＯＰ）」という表記のかわりに、ドイツには「ＱｂＡ」という表記があります。これがなんの略かというと「クヴァリテーツヴァイン・アイネス・ベシュティムテン・アンバウゲビーテス」です。もう唾がいっぱい飛んでくるだけで、なにを言ってるのかさっぱりわかりませんね。

こんなふうに、ドイツワイン関連は名前がゴツゴツしていて、ややこしすぎるので、ソムリエ試験では捨ててしまう人が多いです（本当は捨ててはいけませんよ！）。というわけで、なにを申し上げたいかと言いますと、ワインのプロをめざすような人でも覚えるのが大変なのだから、**ドイツワインの名称はぼんやり覚えておけばいい**のではないでしょうか、ということです。

さて、ドイツワインといえば、**とにもかくにも甘口の白**です。寒いところではサトウキビが育たず、甘いものが貴重な存在だったからです。これは「戦後の日本はバナナが貴重だったんだよ……」という昭和エピソードと似たようなものかもしれません。

そこで、ドイツワインの格付けは糖度が基準になっています。

つまり甘い方が偉いということです。地方指定優良ワイン「ＱｂＡ」よりも格上に、さらに最上級甘口ワインの階級があります。

その中でもトップに君臨するのが「トロッケンベーレンアウスレーゼ」。なんとなく〝サッカーの神様〟と崇められていそうな迫力のある名前ですが、実際はうっとりするほど品よく甘いワインです。甘口といっても、砂糖の甘さとはまた別物です。

さらにその後に「アイスヴァイン（アイスワイン）」「ベーレンアウスレーゼ」、それから「アウスレーゼ」と糖度の順につづいていきます。

ここまでは**お酒というよりも、なにか特別な飲み物という感じ**になります。ときどき「アウスレーゼは……まるで甘露のようだ」なんて賞賛されたりもするようですが、甘露といえば本来、天上の神々が飲む不老不死の水なわけですから、おいそれと、ゴクゴク、プハーッ！　うんまー！　なんてやってはダメです。一口含んでは、貴く腐った神々しい**リースリング**様の存在を頭のてっぺんからつま先まで愛でるような感じで、じっくり舌の上で堪能してください。

甘さのランクは、さらに「シュペートレーゼ」それから「カビネット」とつづきます。カビネットくらいからはだいぶ甘さも控えめになり、食事の味を邪魔しないレベルになってきます。

また反対に偉くはないのですが、辛口の「トロッケン」、そしてやや辛口のトロッケンジュニア、ではなく「ハルプトロッケン」というのも有能です。**ドイツワインの辛口はいたって淡麗すっきりなので、魚や天ぷらといった和食ととてもよく合います。**

いまとなってはさすがにドイツも甘いものは足りているだろうし、「甘いワイン」自体、飲む場面が限られているから、実際は辛口ワインも多く造られているのです。でも日本に入ってくるドイツワインのほとんどは甘口です。そして「ドイツは甘口」というイメージが強すぎて、日本ではなかなか辛口のドイツワインが売れないそうなのです。ちょっとしたきっかけさえあれば、辛口もヒットしそうなものなのですが。

Point 甘口が苦手な人ほど、飲んでみてほしい甘口。

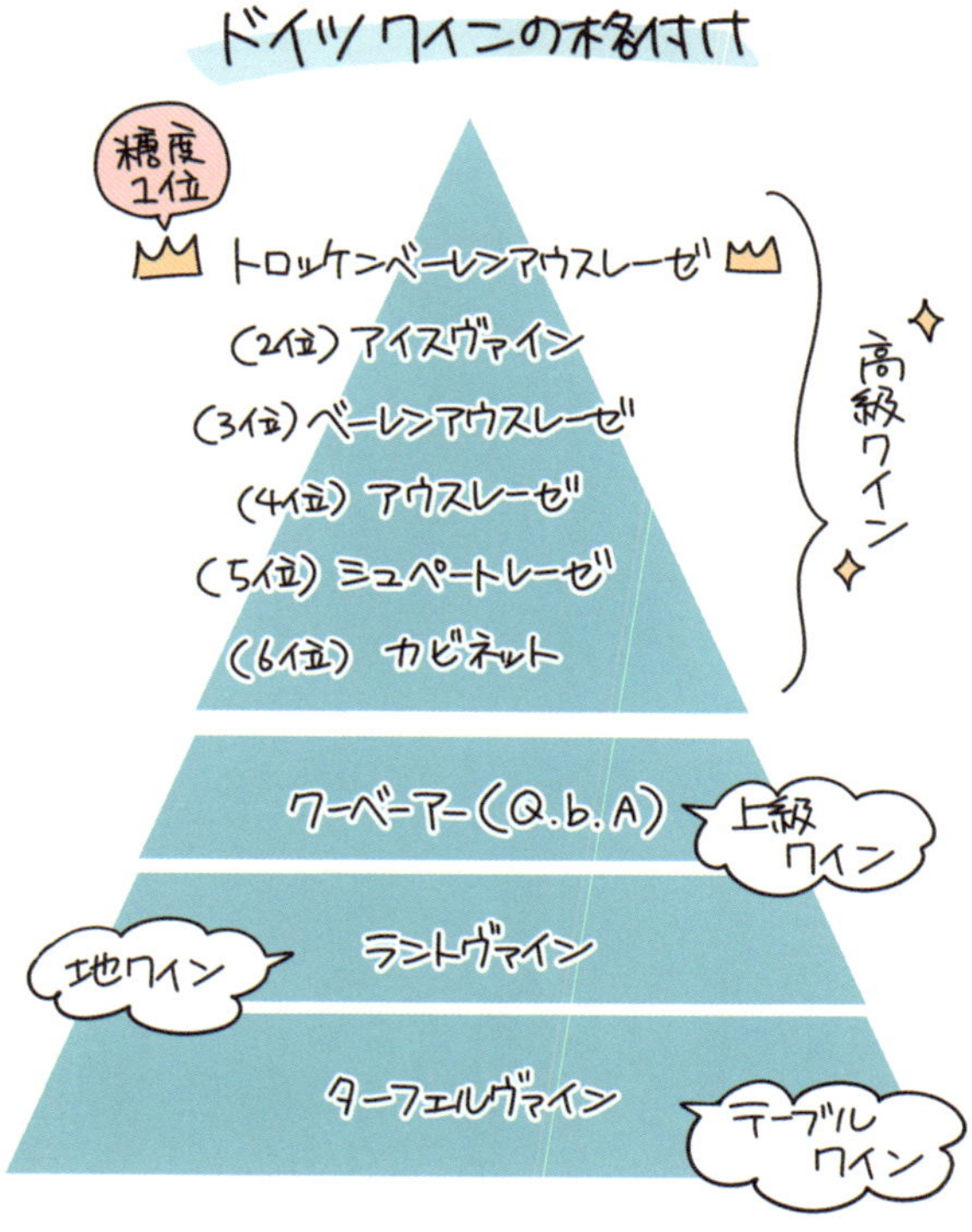

ドイツ

ドイツ

Allemagne

【主要品種】

リースリング

白

誰から見てもわかりやすいツンデレ娘。アルザスと比べ、造り手がより甘口に力を入れる。

ミュラー・トゥルガウ

白

地味で目立たないが、みんなから慕われる影の実力者。奇をてらわないまっすぐな味わい。

ゲヴュルツトラミネール

白

ライチや香水のような独特の強い香り。アルザスと比べ、造り手がより甘口に力を入れる。

シルヴァーナ

白

いつもリースリングに出し抜かれてしまう女子。酸味の強いぶどうを、中和できるまろやかさ。

う〜っ今日寒〜!! 雪降る前に帰ろう
あれ? リースリング?
ドイツにおいてリースリングは糖度や熟度に応じ6段階の格付けがされています。
どうしたんだろ この寒いのに
さむー
カビネット
普通に収穫された リースリングを使用
ハー…
シュペートレーゼ
遅摘みされた リースリングを使用
アウスレーゼ
リースリングの 完熟した房を使用
ベーレンアウスレーゼ
リースリングの 完熟した粒を使用
よし
アイスヴァイン
凍った状態の リースリングを使用
!
トロッケンベーレン アウスレーゼ
貴腐菌とくっついた リースリングを使用

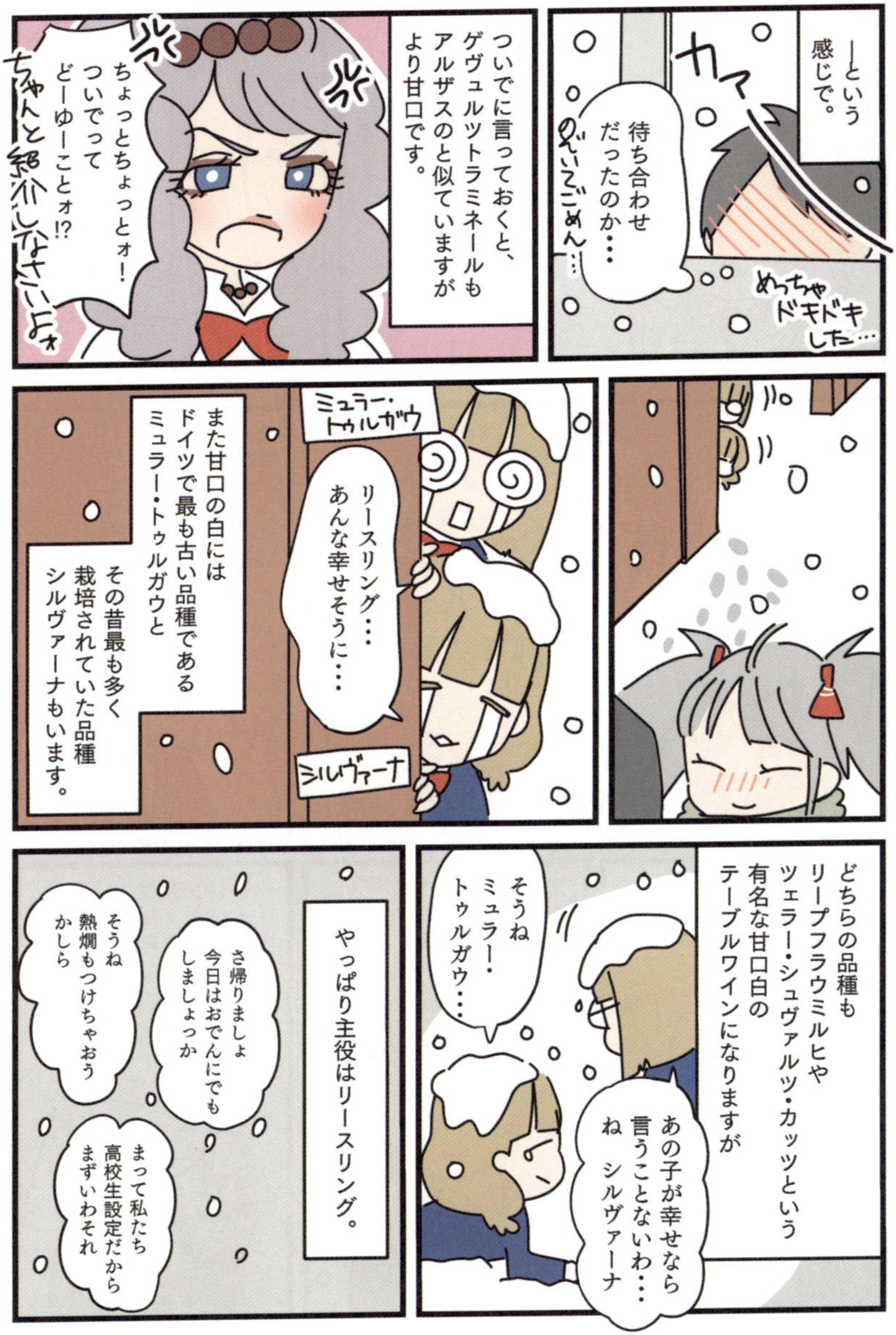
――という感じで。
カァ
待ち合わせだったのか…
のぞいてごめん…
めっちゃドキドキした…
ついでに言っておくと、ゲヴュルツトラミネールもアルザスのと似ていますがより甘口です。
ちょっとちょっとォ! ついでってどーゆーことォ!?
ちゃんと紹介しなさいよォ
また甘口の白にはドイツで最も古い品種であるミュラー・トゥルガウと
その昔最も多く栽培されていた品種シルヴァーナもいます。
ミュラー・トゥルガウ
リースリング…あんな幸せそうに…
シルヴァーナ
どちらの品種もリープフラウミルヒやツェラー・シュヴァルツ・カッツという有名な甘口白のテーブルワインになりますが
そうね ミュラー・トゥルガウ…
あの子が幸せなら言うことないわ… ね シルヴァーナ
やっぱり主役はリースリング。
さ帰りましょ 今日はおでんにでもしましょっか
そうね 熱燗もつけちゃおうかしら
まって私たち 高校生設定だから まずいわそれ

第3章

新世界

アメリカ・オーストラリア・ニュージーランド・
チリ・アルゼンチン・南アフリカ・日本

新世界のワインは、おいしさがはっきり。

アメリカ

Amérique

「単純でおいしいやつ」が飲みたい日は、アメリカを選ぶ。

大航海時代よりあとにワインを造りはじめた国＝新世界。

その中でも旧世界に負けぬ存在感をアピールしているのが超大国アメリカでしょう。

なんといってもワインを世界一消費する国ですし、なんでもかんでも一位をとらないと気がすまない国民性もあります。

この負けず嫌いで研究熱心なスピリッツが、「新世界は格下」というワイン好きたちのネガティブイメージをどんどんぶち壊しているようです。

筆者的に**アメリカワインといえば、オレゴン州のピノ・ノワールが熱い**のです。

オレゴン州の**ピノ・ノワール**は、ブルゴーニュから持ってきたものなんですが、アメリカのワイン法で定められた基準よりも厳しくしているため、質が非常に高い。ブルゴーニュとはまた違った余韻のすばらしさがあって、大好きです。「オレゴン州の**ピノ・ノワール**にも注目」なんて助言できるワイン〝痛〟な自分に、いまさらながら身悶えしそうです。

ただし常識でいったら、アメリカワインといえばカリフォルニアです。全体の九割がカリフォルニアで作られているからです。

カリフォルニアワインのはじまりは、ロバート・モンダヴィという生産者のおじさま

アメリカ

（故人）がきっかけになっています。

このおじさまがワインの勉強をしにヨーロッパを訪れたときに、「アメリカのワインはしょぼい」ということに気づいて、ヨーロッパに負けないワインを造ろうと奮闘した結果、いまのカリフォルニアワインのベースになるものを作り上げたのですが、この人はきっと〝ボルドー＝憧れ〟だったんだろうなと思います。

ボルドー地方メドック地区の一級【シャトー・ムートン】を持っているロスチャイルドさんと一緒に、【オーパス・ワン】というワインを造って、これは高級ワインなのですが、もうとにかく味がどっしり、アルコール度数も高くて、果実味たっぷり。

アメリカワインは、そういう「わかりやすい」のが多いです。アメリカ人気質なのでしょうか、繊細な味を静かに楽しむというよりも、うまく言えませんが、みんなでわいわいバーベキューを食べるのが好きなんだろうなーという雰囲気がしっかり伝わってきます。

とはいえさすがアメリカ、ワイン専門の大学までも作って、科学的に研究しています。

NASAの人工衛星やGPSなどを駆使したり、地形を3Dに変換したり、日照時間や昼夜の寒暖差、水はけなどのデータを抽出したり、最適なぶどう畑になる場所はどこかを割り出したりしているそうです。

職人の勘のようなものを、ＩＤ野球のように数字で補っているわけですね。だからそれなりにおいしいです。

新世界のワインで使われるのはほとんど単一品種です。ラベルにぶどうの品種名が書いてあることが多いので選びやすいです。

ただ、フランスのＡＯＣ（ＡＯＰ）と似たものに、政府承認ぶどう栽培地域の「ＡＶＡ」というルールがあって、より限られた産地が表記されているほどレア度が高く高級というのは、旧世界と同じ。

カリフォルニア州ではナパ・ヴァレー、ソノマ・ヴァレーという二つの地方が有名です。

なんとなくぼんやりと、ナパは**カベルネ・ソーヴィニヨン**主体のボルドー風、ソノマは**ピノ・ノワール**や**シャルドネ**主体のブルゴーニュ風だととらえていただければ、まあだいたい合っているかなと思います。

でも、筆者には味の違いがあまり感じられません。〝子ども舌〟を発揮したい気分のときは、わかりやすくおいしくていいのですが、あたたかい地方で造ったワインというのは

アメリカ

どうしても味がもたっとするので、繊細な味の違いを出しきれないと思うのです。カリフォルニアのピノ・ノワールなんかは、ひと口飲むと「味がどかーん！」みたいな。ええ？　みたいな。知ってるやつと違うやつだ、みたいな。あの繊細で孤高な美少女はどこいったの？　……おいこらアメリカ！　わいのピノ・ノワールたんになにしてくれてんねん！　と、すっかりビッチに様変わりしたピノ・ノワールを目の前にして、「【悲報】ピノ・ノワールたんが渡米しておかしくなったw」という低俗なスレッドを立ち上げかけてやめて、自己嫌悪におちいりそうになるくらい、なんでもかんでもアメリカンスタイルになります。中でもカリフォルニア独自のジンファンデルという品種は、排気量のでかいアメ車のような、エイリアンと戦う女兵士のような、本当にパワフルでがっしりとした味で、「これぞアメリカだな」と感じさせてくれます。

とまあ、いろいろ意地悪なことを申し上げましたが、出費を二千円未満におさえるならばへたげな旧世界よりも、新世界のワインが絶対おすすめだし、中でも特にアメリカワインは「科学」のおかげもあって、かなり優秀です。つい文句を言いたくなるほど、筆者が親しんでいるワインなのかもしれません。

Point 笑ってしまうほど、過剰においしい。

9割

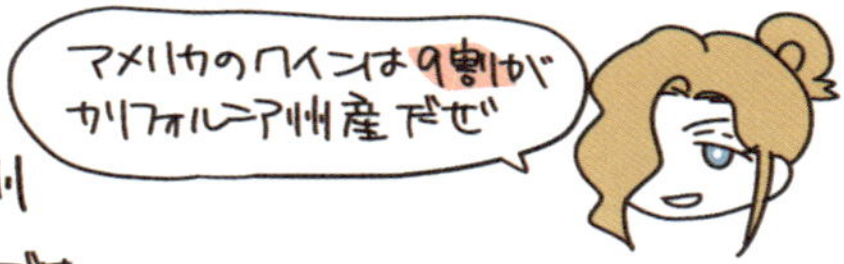

アメリカのワインは9割がカリフォルニア州産だぜ

☆カリフォルニア州

カリフォルニアのワイン法では、「単一」が上級ワインになります。

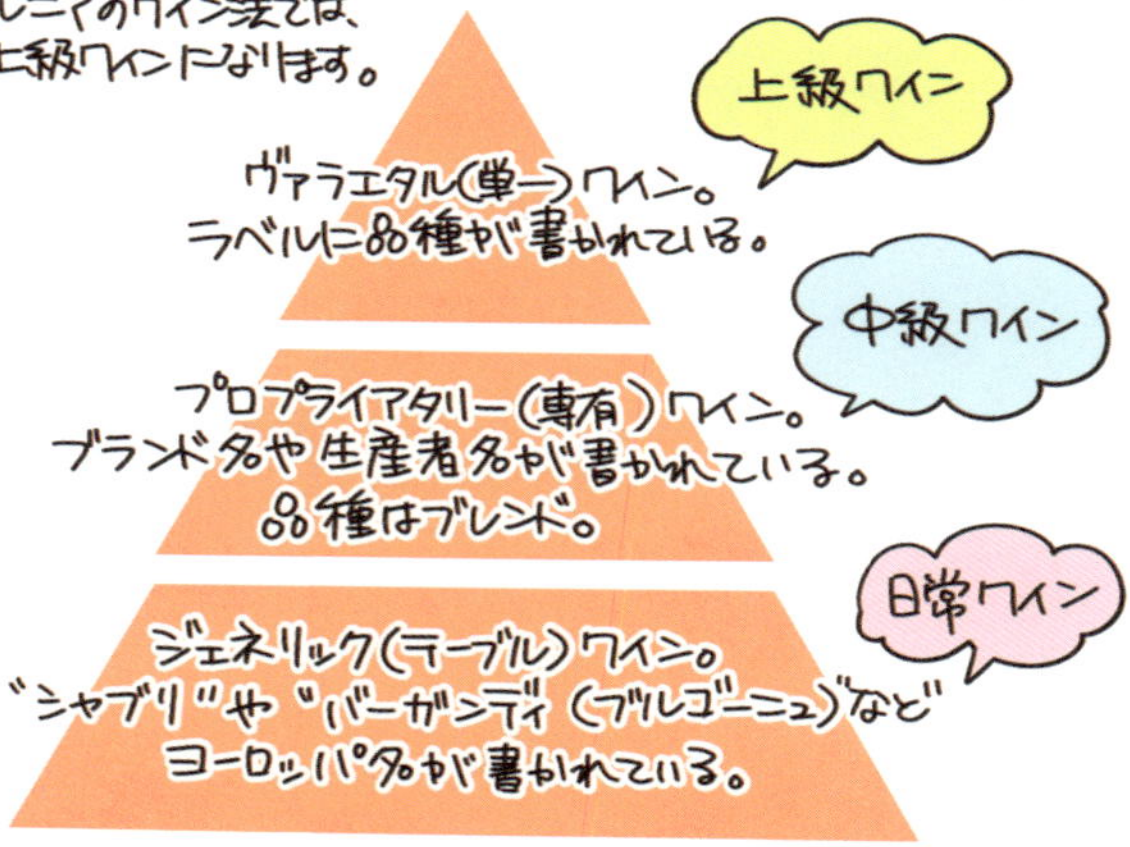

上級ワイン
ヴァラエタル(単一)ワイン。ラベルに品種が書かれている。
中級ワイン
プロプライアタリー(専有)ワイン。ブランド名や生産者名が書かれている。品種はブレンド。
日常ワイン
ジェネリック(テーブル)ワイン。"シャブリ"や"バーガンディ(ブルゴーニュ)"などヨーロッパ名が書かれている。

プロプライアタリー ＝ ワイナリーがぶどう栽培から、醸造、びん詰めまでを行う。

↓のこりの1割↓

☆オレゴン州

ピノ・ノワールがおいしい。
筆者が個人的に注目！

☆ワシントン州

シャルドネが多い。
ボルドーとほぼ同緯度。

☆ニューヨーク州

ニューヨーカー狙いの都会派ワイン。

アメリカ

アメリカ

Amérique

【主要品種】

カベルネ・ソーヴィニヨン（米）

赤

勉強をお休みして、筋トレをがんばったカベルネ。果実味、アルコール度、樽の風味が強烈。

ジンファンデル

赤

ダイナミックで、気のいいアネゴ肌。凝縮されたパワフルな果実味でみんなを圧倒する。

シャルドネ（米）

白

完全にアメリカナイズされたアイドル。パイナップルかトロピカルフルーツのような果実味。

ピノ・ノワール（米）

赤

渡米してふくよかになったピノ・ノワール。果実味もあり初心者にも親しみやすい。

イタリアではプリミティーボとも呼ばれます。

・・・?
あれ・・・っ?
オー
ピノ…?
!?
オー!ユーが
転入生だね?
ヨロシクネ!!
世界中で人気のピノ・ノワールは、
アメリカでも育てられています。
えっ!?
確かにピノだけど
金髪だしちょっとその・・・
ぽっちゃ・・・
フランスのものに比べ
まったり感・ふくよかさが増していて
初心者でもかなり接しやすいです。
アメリカのカベルネ・ソーヴィニヨンは
樽感・果実感・アルコール感が強烈に。
ヘイ転入生!
筋トレなら
付き合うぜ☆
ぐぐ…
!?
!?
体をばっちりと鍛えて
大衆受けも狙える
優等生というわけです。
どっか遊びに
行こうよ~☆
シャルドネはアメリカにいくと
バツンとしたグラマラスな
品種になります。
パイナップル感
トロピカルフルーツ感・ジュース感と
言いたくなるほどの果実味と
樽によるしっかりとした
バニラフレーバー。
実にシャルドネは
環境に染まりやすく
アメリカでは
きちんとアメリカナイズ
されているのです。
転入生も
食べる~?
スペシャルトロピカルクレープ!!
あ・・・
アメリカ恐るべし
でも結構
好きでしょ?
はい
正直

オーストラリア

Australie

スーパーで迷ったら、オーストラリアを買う。

カンガルーのイラストが描かれた【イエローテイル】をはじめ、オーストラリアワインはどこでもよく見かけるようになりました。

オーストラリアワインもほとんど単一（ヴァラエタルワイン）ですが、その中でもよく使われるのが、赤のシラー（仏）改めシラーズという品種です。ときどきブレンドも見かけることがありますが、その場合はたいていカベルネ・ソーヴィニヨン×シラーズという組み合わせになっています。どちらも重厚な品種なので、相性が良いようです。

他にもシャルドネやカベルネ・ソーヴィニヨンの単一もありますが、いずれもほぼ品種が表示されているので選びやすいですし、実際に飲んでも、その品種の特徴がよく出たわかりやすい味に設定されています。

南半球にあるオーストラリアは大部分の地域があったかいので、カリフォルニアの気候に特徴がよく似ていて、どちらのワインも、きっとバーベキュー文化から生まれたのであろう「子どももおいしい」感があります。巨大なお肉に喰らいついて、それを流し込んだときにおいしいワインです。だからスパイシーな肉に負けないような、味の強いワインが求められることになります。

ですからシラーズ（豪）は、シラー（仏）と比べると、スパイシーさ、土っぽさがエスカレートして、本当に野性的に育てられている感じがします。

おまけに育った環境が温暖であるせいか、ほんのりと甘みが感じられます。よりチョコレートっぽいとも言えるかもしれません。

同じ品種でも産地が変わると性格も変わるので、飲み比べてみると面白いかもしれません。

ただ同じオーストラリアでも、西側にある「マーガレット・リバー」という産地だけはちょっと特殊で、フランスの地中海性気候に近く、あまり新世界っぽくない上品で繊細なワインを造ります。

だからオーストラリアの西側にもぜひご注目、と言いたいところですが、筆者もそれほど注目しているわけではないので、みなさんだけに注目してもらうのは申し訳ない気がします。

あえてどこかに注目しなくても、オーストラリアのワインはどれもたいてい安くておいしいので、適当に買ってみても大きく後悔することはないはずです。

おまけにオーストラリアは環境保護にうるさく、ぶどう栽培ではなるべく化学薬品の使用を控えているそうなので、きっと健康にもいいのではないでしょうか。

オーストラリア

Point おいしくて重厚な赤が気軽に飲める国。

最初にスクリューキャップを採用したのがオーストラリアです。

コルクじゃないと雰囲気出ないな…

という人もいるかもしれませんが

1. 開けるのがかんたん!
2. 密閉性が高く、ワインの酸化を防ぐ。
3. コルク汚染がない。
4. 飲み残しても簡単に栓ができるし、冷蔵庫で横にすることもできる。

そういった実用性が認められ、いまでは旧世界でも採用されています。

オーストラリア

Australie

【主要品種】

シャルドネ（豪）

白

今度はおおらかなオージー気質に染まるシャルドネ。バーベキューによく合う。

シラー（仏）改め シラーズ（豪）

赤

もっと日焼けして野性的になった少女。スパイシーさに甘さが加わり、チョコっぽい。

カベルネ・ソーヴィニヨン（豪）

赤

脱いだらすごい、細マッチョ。シラーズと混ぜられると最高クラスのヘビー級になる。

あっお嬢様！

先帰ってて！ちょっと遊んでく！

タタッ
フランスのシラーはオーストラリアではシラーズという名前に変わります。

温暖な土地のためフランスのシラーと比べてもさらに色も味わいも濃くなり自由度が増しているイメージです。

また こんな所で…

スパイシーさがおさえられ甘みや果実感が加わりチョコレートっぽさもあり…

よおく味わってみると
じ〜

ほんのり色気も感じるかも。

よ シラーズ！

あ〜！

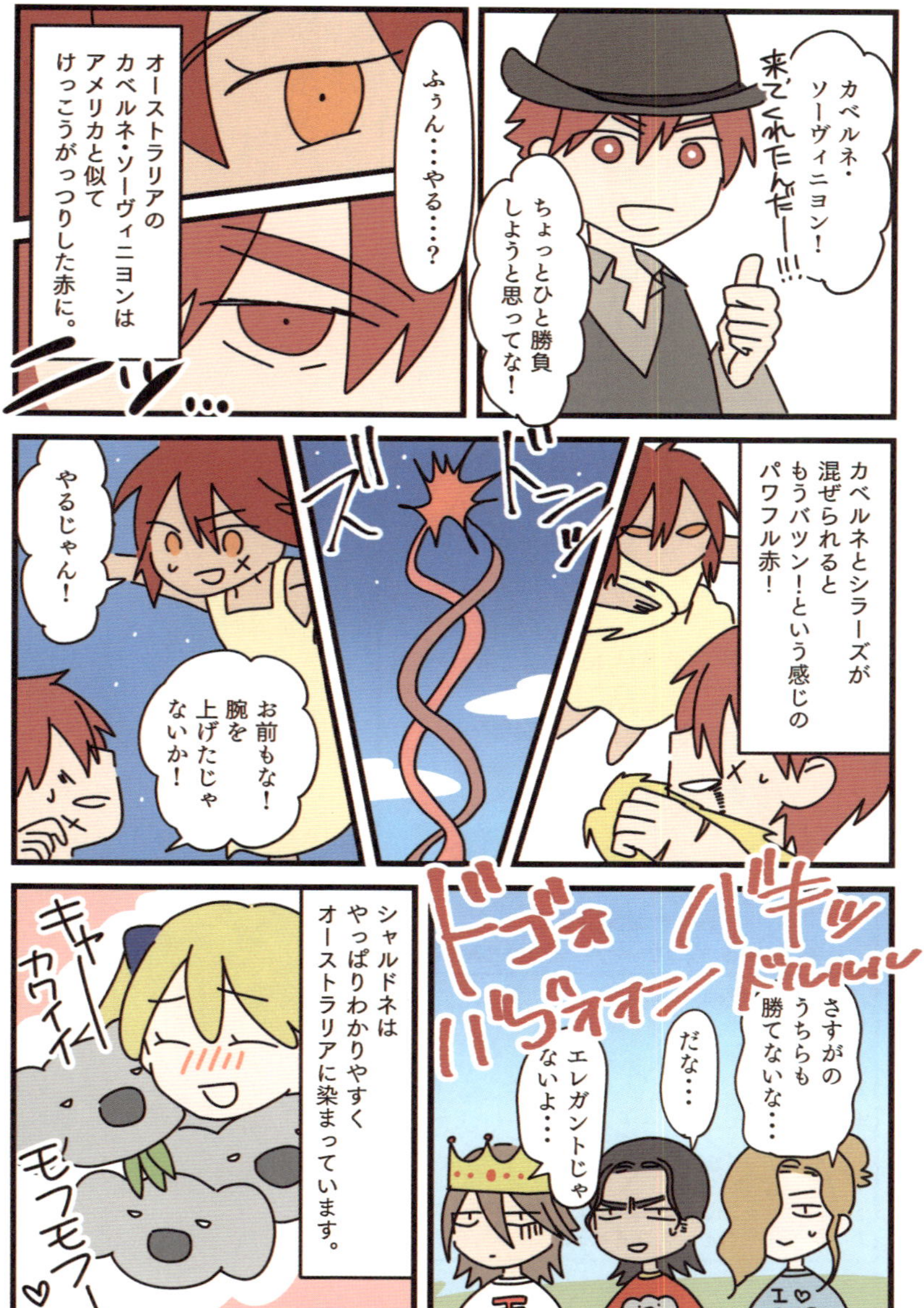
カベルネ・ソーヴィニヨン!
来てくれたんだー!!!
ちょっとひと勝負しようと思ってな!
ふぅん…やる…?
オーストラリアのカベルネ・ソーヴィニヨンはアメリカと似てけっこうがっつりした赤に。
シッ…
カベルネとシラーズが混ぜられるともうバツン!という感じのパワフル赤!
ズドンッ
やるじゃん!
お前もな!腕を上げたじゃないか!
ドゴォ
バキッ
バゴォオン
ドルルル
さすがのうちらも勝てないな…
だな…
エレガントじゃないよ…
シャルドネはやっぱりわかりやすくオーストラリアに染まっています。
キャーカワイイ
モフモフ~♡

↑パワフルなひとたち↑

ニュージーランド

Nouvelle-Zélande

「ソーヴィニヨン・ブラン」を飲み倒す。

オーストラリアが赤のシラーズなら、ニュージーランドは白のソーヴィニヨン・ブラン。これだけおさえておけば大丈夫です。ニュージーランドのソーヴィニヨン・ブランは、フランスや他の地域に比べて、青くささ、レモン、ハーブ香がすっごいきつくなります。ツーンとくるくらいですが、同じソーヴィニヨン・ブランでも、フランス・ロワール地方の【サンセール】や【プイィ・ヒュメ】はめっちゃドライでちょっと酸っぱみがあるのに比べ、ニュージーランドはここにやさしい「果実味」が加わります。

そうするとどうなるかというと、超おいしいのです。

成人したての女性に初めて白ワインを飲ませて「白ワインって、おいしいね」と言わせたいのなら、**これ以上ないってくらい、わかりやすいおいしさです。**

品種で選べばいいので、わざわざ地名を覚える必要はないと思いますが、ソーヴィニヨン・ブランが一番活躍している地域「マールボロ（Marlborough）」という単語がラベルに書かれているワインを探してみてもいいかもしれません。

ちなみにニュージーランドには意外にも、ピノ・ノワールを使ったおいしい赤がありま す。ブルゴーニュよりあったかいので、ちょっと気品と、角が取れて、親しみやすい味になります。とはいえ、カリフォルニアほどの八方美人っぽさもありません。

ニュージーランド

まずはとりあえず、ソーヴィニヨン・ブラン。

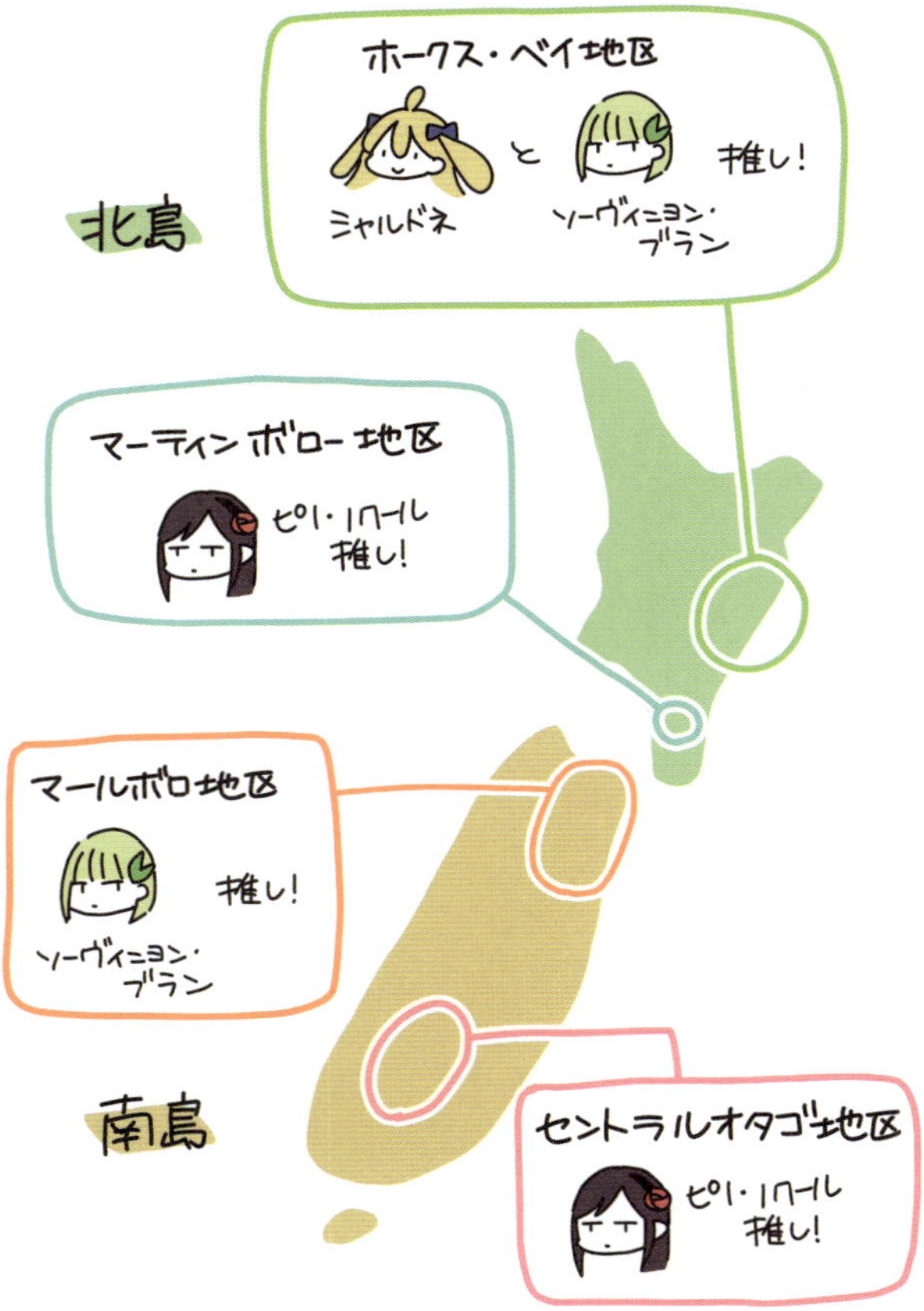

ニュージーランド

Nouvelle-Zélande

【主要品種】

ソーヴィニヨン・ブラン（新）

白

素直で、クールな天然美少女。ますます強まる長ネギやハーブのような青々しい香り。

ピノ・ノワール（新）

赤

気品と美しさは残しつつも、明るくて、バランスの良い味わいに。

ニュージーランドの
ソーヴィニヨン・ブランは
ハーブの香りと青々しさが
なぜか他の地域よりすごく強く出て
本当においしいです。
ザアッ…
サク…
夏の匂いを感じさせながら
さわやかな風のように
喉と心を潤してくれます。
ニュージーランドの
ピノ・ノワールは
甘味と酸味のバランスのいい
ワインになります。
アメリカのものほど
果実味が強いわけではなく
フランスほどの
複雑さはありませんが
明るくシンプルな味わいで
親しみが持てますよ。

チリ

Chili

単一品種は、チリで覚える。

昔のチリワインのイメージといえば、ただの「安物ワイン」でした。

ところがいつの間にか〝新世界の先駆け〟と呼ばれ、「チリは安くておいしい」「チリの**カベルネ・ソーヴィニヨン**は間違いない」というイメージ転換に成功した国です。

いまではむしろ、高級ワインを造りはじめていたりします。たとえば【シャトー・ムートン】を持つロスチャイルド社が造った【アルマヴィーヴァ】などが有名です。これは舌の経験値や好みを選ばない、わかりやすく高級感を味わえるワインです。

チリワインも新世界なので、基本「単一」で、ラベルを見て中身を判別しやすいですが、ボルドーをまねしてブレンドしているところもあります。

赤なら**カベルネ・ソーヴィニヨン**、**メルロー**、**ピノ・ノワール**、白なら**シャルドネ**、**ソーヴィニヨン・ブラン**などの王道はいちおうそろっており、どれも他の国と比べて、なめらかで飲みやすいです。あと酸味が少なくて果実味たっぷりです。わりと最近まで**メルロー**だと勘違いされていた、**カルメネール**という品種も使います。

どれも安くて、はずしにくい。だから品種の特徴をつかみたかったら、チリを選べば間違いありません。

自転車のマークでおなじみの【コノスル】や、コンチャ・イ・トロ社の【サンライズ】

や【カッシェロ・デル・ディアブロ】などは、スーパーでもコンビニでもどこでもよく目にします。

これほど優秀なのに、筆者がなぜチリワインを大絶賛しないかというと、チリワインだけで終わっちゃうとつまらないと思っているからです。一度チリを飲んで気に入ると、そのままずーっとチリで固定する人がいます。またチリ？　だって間違いないんだもん。餃子といえば王将でしょう、カレーといえばココイチでしょう。それもいいでしょう。

でもそういう価値観で固定してしまうと、本当の〝ワイン好き〟にはなれない気がするのです。ワインは冒険です。当たった経験も外れた経験もすべて財産にして、一生をかけて「自分のワイン」を探す旅をしてほしいのです。たとえ安定のチリワインがいたく気に入ったとしても、好奇心をいっぱいにして、ぜひ他の国のワインもためしてほしいと思います。

ちなみにチリといえば、よく語られるのが〝フィロキセラ〟という害虫伝説ですね。十九世紀の後半に害虫フィロキセラが登場し、世界中のぶどうの木に壊滅的な打撃を与えました。ところがチリは奇跡的にフィロキセラの難を逃れた。そしてフランスから持ち込まれた苗木の子孫を、今もなお残している国として世界的にも貴重な産地となりました。

Point 飲み手を選ばず、間違いなくおいしいワイン。

チリは地理的に孤立していたため、
害虫フィロキセラから守られた
ピュアな品種たちがすくすく育っています。

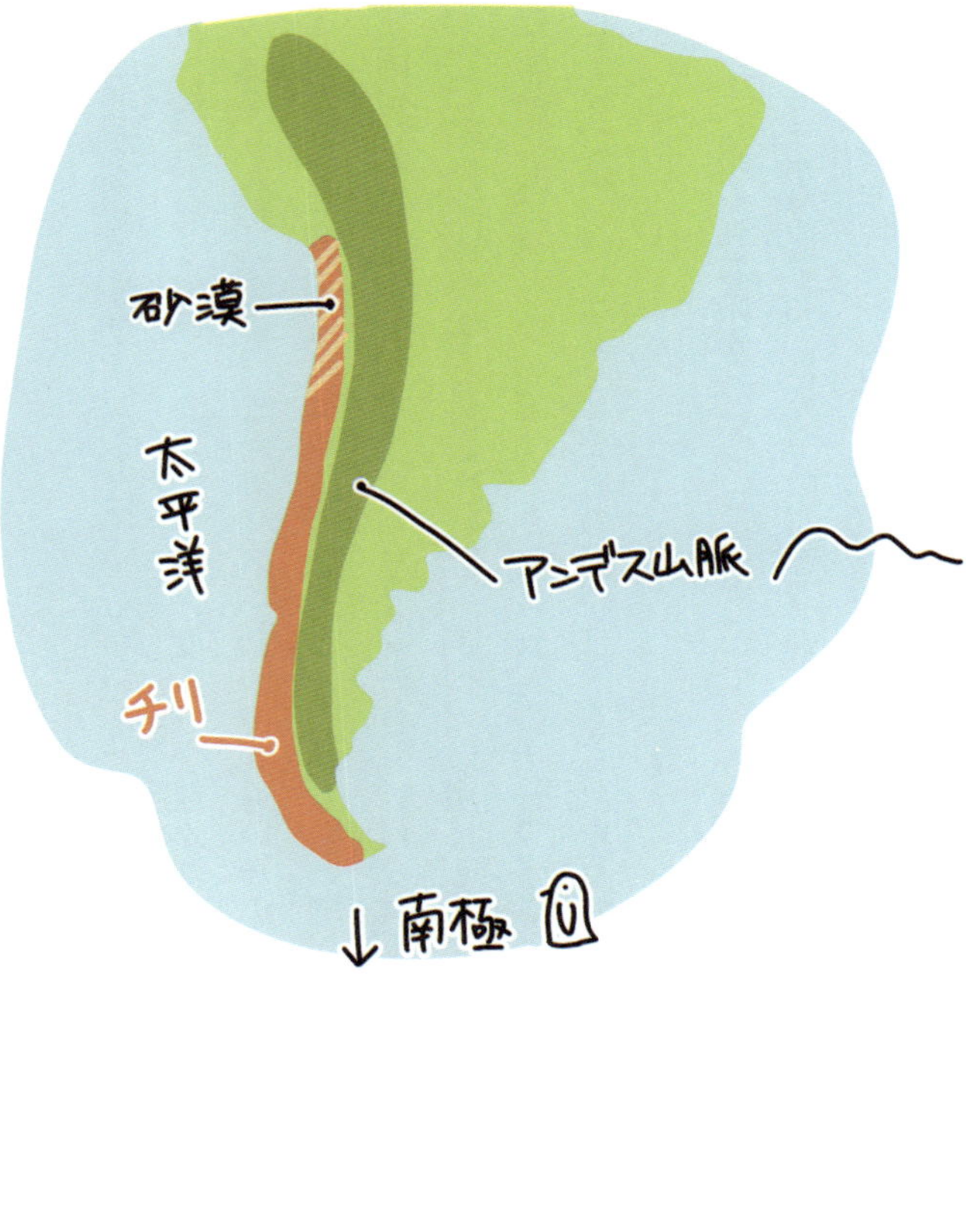

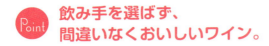

チリ

Chili

【主要品種】

シャルドネ（智）

白

人懐こい、みんなのアイドル。甘くも酸っぱくもなく、万人に嫌われない味へ一直線。

カルメネール

赤

ひたすら食いしん坊なマイペース男子。まったりフルーティーで、渋味《タンニン》ひかえめ。

カベルネ・ソーヴィニヨン（智）

赤

「チリカベ」とも呼ばれる。わかりやすくおいしい赤だったが、だんだんと上品な味わいに。

ピノ・ノワール（智）

赤

圧倒的な気品と美しさはさておき、ピノ・ノワールの雰囲気は楽しめる。

メルロー（智）

赤

おっとりまったりお姉さま。少しぽっちゃりしすぎたようで、酸味がなくなりました。

チリのカベルネ・ソーヴィニヨンは「チリカベ」とも呼ばれわかりやすくおいしい赤の代名詞です。
フレンドリーー!
チリ命
ところが最近はなんだか旧世界っぽい上品な雰囲気も出てきているみたいです。
なんとなく
スタイリッシュ!!
ふくよか〜
チリのメルローは甘くはないですが酸味ほとんどなし。
シャルドネは甘くも酸っぱくもなく。
ボー
ソーヴィニヨン・ブランはハーブ感がやさしく。
やさしめ
どうふるまえば
ピノ・ノワールはアメリカほどもったりせず。
チリワインは平均的に「まとまってる感」が強くあまり個性がありません。逆にいえば飲みやすくて初心者に人気です。
まとまりっ
ただカルメネールの甘さともったり感は個性的！ぜひお試しを。
もぐもぐ
おにくおいしいよ♡

アルゼンチン

Argentine

単一品種は、アルゼンチンで覚えてもいい。

アルゼンチンと言われてもサッカーかタンゴくらいしか思いつかないし、同じ南米だからチリとの差もいまいちよくわからない。

そんな人は強引にソファーに座らせてマルベックと、トロンテスを左右から交互に飲ませて、メロメロの骨抜きにしたいです。

たしかにアルゼンチンは、放っておいても国民ががんがんワインを飲むので、昔は質より量が求められていたのですが、海外からの資本も入り、栽培や醸造の技術がぐんぐん上がって、今では一万円以上する高級ワインも造られているほどです。

そんなアルゼンチンワインの中心品種といえば赤のマルベックです。

マルベックで造られたワインは見た目の色がかなり濃くて、ボルドー色というより、もはやブラックに見えるような重厚さがあるのですが、飲んでみるとゴージャスな果実味が、くるの？　くるの？　あれ～？　って肩透かしを食らうような意外な軽やかさがあり、ぷいっとかわされるこの振られ感がやみつきになります。

もう一つ忘れてはいけないのが、白のトロンテスという品種です。味ははっきり言ってしまうと、フルーツヨーグルトっぽいです。すーっと抜けていくフルーティーな感じがあって、やさしい甘さが喉に溶け込んでいきます。

あまりメジャーではない品種なのですが、かなりキャッチーなお味だと思います。お店で特に若い女性のお客さんに出してみると、かなりの高確率で「あらオイシイ♡」というリアクションをいただけるので、とても重宝しています。

それから**マルベック**×**カベルネ・ソーヴィニヨン**のブレンドも、**シャルドネ**の単一も、わかりやすくおいしいのがアルゼンチンです。

どれも平均的にコストパフォーマンスが高いので、主要品種の特徴を覚えるために、**チリではなくアルゼンチンをあえて選ぶ**というのも悪くないと思います。

アルゼンチン

なんで選ばれないのかわからないほど優秀なマイナー。

アンデス山脈から吹き降ろす暖かい風によって
ぶどうがよく熟し、病気も少ないため、
実はオーガニックワインが充実しています。

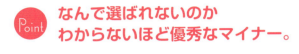

アルゼンチン

Argentine

【主要品種】

マルベック

赤

見た目はゴツいが中身は乙《おと》メン。カシスやスミレの香りとバランスの良い渋味《タンニン》。

トロンテス

白

見た目は完全に女の子だが、彼はいわゆる男の娘。まるでフルーツヨーグルトのような甘い香り。

ミャ
ミャ
ミニャー
ミャー
うわっ こねこ! ちっちゃい!!
おいで! おいで!
転入生
のそ…
マルベック君
マルベックはアルゼンチンを代表する赤。
うわぁー
ねこちゃん~! かわいい~!
すきだよねェ
重たい系で熟したブルーベリー感とよくあるタイプの赤ですが
ママはどうしたんでちゅか~ はぐれちゃいましたか~?おにいちゃんがさがしてあげますからねぇ~ あっそれともおにいちゃんのおうちにきまちゅか~?
なにがすごいって色がとっても濃いんです。黒いくらい! それなのに見た目ほど口当たりは強くありません。
ギャップ!!
ニャー
ほんとカワイイ
ウン
白のトロンテスはフルーツヨーグルトのようにみずみずしい味わいと、花のようにはなやかな香り。
マルちゃん 転入生くんおはよ~! あっ♥こねこ♥ やぁんかわいい~!
ボクにもなでなでさせて♥
かわいらしい雰囲気があるので、とても女子ウケする品種です。
トロンテス君はいつもかわいい
だが男だ
トロっち おはよーー!!!
ねーカワイイねー!!!
名前どうする!? カワイイのつけたい!!

南アフリカ

République
d'Afrique du Sud

激安から、おいしいのを見つける。

南アフリカの代表品種といえばピノタージュです。

それ以外に特にお伝えすることがないほど、南アフリカはいたってシンプルです。このピノタージュは孤高の貴婦人ピノ・ノワールと、量産型で健康的なサンソー改めエルミタージュをかけ合わせた南アフリカのオリジナル品種です。

ピノ・ノワールは人気実力ともに世界最高峰の品種ですが、「暑いのは嫌い！」「虫は大の苦手！」なので、ブルゴーニュ地方以外ではなかなか本来の力を発揮できません。そこで「体だけは丈夫なんです」を売りにしているエルミタージュとかけ合わせたことによって、超健康体のピノ・ノワール、つまりピノタージュが誕生しました。

ピノタージュを飲んでみたらどうなるかというと、ピノ・ノワールを飲んだことがある人ならば「ピノ・ノワールにしては、ずいぶん体つきががっしりしているなあ」という印象を受けると思います。

中にはおいしいものもありますが、アフリカはアパルトヘイトが撤廃されてからの歴史が浅く、ワインの技術を磨き始めたばかりですから、まだまだ味については発展途上だと言えます。「ワゴンセールで激安売り」されている光景をよく見かけますが、今はまだそういうポジションです。

でも昔、フランスやイタリアのワインしかワインだと認められていなかったような時代では、南米とかアメリカのワインも「ええー、新世界のワインなんてー」とバカにされていたものです。しかし、いまや新世界ワインは、多くのブランドワインを生み出し、知名度も値段もどんどん上がってきているじゃないですか。

だから筆者は「昔の南米が、今の南アフリカ」くらいに思っています。

掘り出し物はきっとあります。ある程度、おいしいワインに慣れてきたら、あえて今後に期待して南アフリカにワンコインを投じ、「意外と悪くないじゃんワイン」を探してみるのもいいかもしれません。

南アフリカ

Point

安くておいしいワインを、探してみよう。

南アフリカ

République
d'Afrique du Sud

【主要品種】

ピノタージュ

赤

南国出身だから寒いのが苦手な踊り子。野性味あふれるジューシーさが魅力。

サンソー（仏）改め エルミタージュ（南ア）

赤

暑さに負けない健康男子が、ピノ・ノワールと元気なピノタージュを生む。

リョウシン ノ
シンコンリョコウ ノ
シャシン デテキマシタ
わぁー
南アフリカといえば
ピノタージュ。
みる
すごく
暑そう・・・
ピノ・・・
顔・・・!!
暑すぎてピノ・ノワールが
育たないので
エルミタージュ(仏名サンソー)と
かけあわせて誕生しました。
ピノ・ノワールの劣化版ではなく
どっちかというと
カベルネ・ソーヴィニヨン寄り。
あなた!
私暑いの苦手だし
虫も大きらいって
言ったじゃない!
死にそう
まあそう怒るなよピノ
素晴らしい
場所じゃないか!
果実味と渋味《タンニン》がある品種に
なりました。
・・・で
暑さや虫に耐えられる
君が誕生したって
わけかあ・・・
なんでテレるの
ありがと
土臭くてスモーキーですが
しっかり系のワインとして
楽しめる品種ですよ。
ミンナ
ゲンキ
カナ・・・
ジッカ
カエリタク
ナリマシタ

日本

Japon

和食を食べるときは、「日本の白ワイン」を飲む。

日本のワインは本当においしくなってきています。

技術的にも品質的にも、赤ワインはやや遅れているかもしれませんが、白ワインの一部はもう世界に十分通用するほどおいしいものが出てきています。

世界が注目する日本の品種は「甲州」ですが、甲州を使った白ワインの中でも筆者がとくに好きなのは【シャトー酒折　甲州ドライ】です。

すっきりとした辛口、余分な果実味も雑味も一切感じられず、思わずため息まじりに「味がきれいだ……」とつぶやきたくなります。

目を閉じると、頭の中で南アルプス天然水の歌声と、澄み切った川の水がさらさら流れていくような、そういうワインです。

それから甲州を使ったワインでおすすめなのは、【シャトー・メルシャン　萌黄】です。名前がたまんないです。この【シャトー・メルシャン　萌黄】は甲州の単一ではなく、シャルドネが混ざっており、お塩でいただく天ぷらとよく合い、和食の邪魔をしないワインです。シャルドネだけではなく、様々な品種を海外から輸入していますが、本当においしいワインになるのは日本製の山梨、長野、山形、北海道、京都などで育てられたぶどうです。当然、日本で育てられたぶどうは、日本人の舌にあうように育てられているからです。長野の**メルロー**とか、北海道の**ピノ・ノワール**、山形の**シャルドネ**など、日本でもいろいろな品種が育てられています。

カベルネ・ソーヴィニヨンも育てられています。日本はフランス・ボルドー地方と気候が似ている部分があるので、今後、世界を驚かせる**カベルネ・ソーヴィニヨン**が日本から飛び出すかもしれません。

また日本オリジナルで、赤の品種と言えば**マスカット・ベーリーA**があります。フレッシュなさくらんぼうに、黒蜜とか干し芋とかのニュアンスが加わったかわいらしい品種ですが、品種として認定されたばかりでまだまだ発展途上。人気も実力も、これから仕上がっていく感じでしょう。

いずれにしても、日本には醸造やぶどう栽培の技術をレベルアップできる可能性が広がっています。

そのためにはどうなればいいか?

なによりもジャパニーズワインの消費が増えればいいのです。どんどん消費が増えれば、それだけ技術向上に投資ができて、ワインそのものの値段も下がって、安くておいしいからさらに消費が増えて、というプラスの循環が生まれるはずなのです。

日本

飲めば飲むほど、日本らしさを感じられる。

日本ワインのレベルはまだまだ上がります。
ただそのためには、なによりも
日本のワインの消費量を上げること。

みんながもっともっとワインを楽しんでくれれば、
きっといつか、
世界を驚かせる偉大なワインが
日本から誕生するはずなのです!

日本

Japon

【主要品種】

甲州

白

シャイで口数の少ない、美しき大和撫子。和食にも合わせやすい、品の良い香りと味。

マスカット・ベーリーA

赤

シャイな甲州をひっぱる元気っ娘。ほのかにただよう黒蜜と赤い果実のフレーバー。

ドキ…

甲州は本当に日本らしい品種です。

柑橘系の上品な香りをさせ澄んだ川の水のようにほのかな甘味と酸味をさらさらと流していき
口の中に残るのは味わいではなく香りの記憶だけ・・・。

そんな繊細さと奥ゆかしさを秘めた品種が世界的に認められてきています。

あたし！あたしもいます！そのままでもワインにしてもイケる期待の新人！その名もマスカット・ベーリーA！

ちょっとまったぁ
元気いっぱいみずみずしさなら負けません！よろしく！お願いします！

他にも長野のメルロー北海道のピノ・ノワール山形のシャルドネなどジャパンナイズされた品種が増えてきています。

も少し言わせて あたしには ほしいもその フレーバーも
今後、魅力的な品種たちが世界でますます活躍していくことでしょう。

ワイン一年生

エピローグ

Épilogue

転入生～！
昼食おうぜ！
席とるわ～
食堂
うん！
転入生くんも
すっかりなじんでるね～
フフ
ね！
最初はオドオド
してたのに
本当に・・・
おかず交換だ～
わい
わい
強引に連れてきて
しまったのに
もらい
ワインを
理解しようと
努力し
シャケちょうだい
そして好きにまで
なってくれたの
ですね・・・
これ以上
引き止めておく
わけにはいきません・・・
店員さぁーーん
店員さーん
店員さん
どこ行ったんだろ・・・
あ、いた！
も～！どこ
行ってたんですか

ぱちん!
お疲れ様でした
?
ぼぉん!!
!!
戻った…!
ってことは…!
はい
力が戻ったんです
この世界もまた少し
力を取り戻しました
これもあなたのおかげ…
本当にありがとう
ございました…
いやそんな
僕はなにも…
…
ということは
僕
帰れるん
ですね…
ええ
ずっと無理やり
引き止めて
しまってごめんなさい
…店員さんは
またあのお店に?

いえ
またどこか場所を変えて
ワインのことを
人間に広める活動をします
この世界をずっと
存続させるため…
もっとたくさんの人に
ワインのすばらしさを
知ってもらうために…
パチッ
はっ
僕
みんなにいろんなこと
教わったのに
お礼も言ってません!
パアァァァ…
せめて
みんなにひとこと
さよならくらい
帰される!
あなたが
覚えていてくれる限り
きっと
きっとまた
会えますよ…
パアッ
わっ
言いた…
ありがとう…

・・・さま
お客さま!
はっ
あ あの 良かったら ご案内します
こ・・・こは・・・
あの夜たまたま ワインを買いに 入った店だ
?
あの・・・?
全部同じだけど 店員さんだけ 違う・・・
全部 夢だったん だろうか・・・
あ
え・・・え～っと ワイン選び悩んじゃって ご相談してもいいですか?
あ!そしたら よかったら試飲いかがですか? ちょうど今キャンペーンやってて
オ・ス・ス・メ・です・・・
あ・・・ ありがとうございます
あ いい香り
ぐい

!!
カベルネ・ソーヴィニヨンくんに・・・
メルローさんに・・・
夢じゃない
・・・僕
みんないつでもグラスの中《ここ》にいるんだ
ちょっと前まではワインって全部おんなじような味だと思ってたんですけど・・・
最近になって全部違うんだなあって思えるようになって
あっいやそんな偉そうなアレじゃないです！これとってても美味しいです！買います！
カァーーー
ありがとうございます！
私も最近やっとワインの良さやそれぞれの個性が楽しめるようになってきて・・・
あっそうだ！
これ・・・
試飲された方にお渡ししてるんです
カワイイですよねっ
名前はコルクさまって言うんですって〜
ありがとうございました!!
くす
そんな名前だったのか

なんか実感ないけど
209
ハァ…
今からまた
いつもの毎日かぁ…
ガチャ
ただいま…
あっきたきた！
遅いぞ〜！
ぱちくり
お疲れ！
先
はじめてるぞ〜
ウィー
ポテト
んなわけ
ないか…
ーいつも通りの
かわらぬ日々だけど
いつもの
悪友たち
…
ワイン買えた？
うん
ちょっと
自信あるよ！あと
ワイングラスも
買ってきた
ちゃんと
美味しいやつ
選んだんだ
ろうな〜？
ワイ
ワイ
ちょっと
にぎやかに
ちょっと
複雑になって
また
始まるんだ…
じゃあ あらためて
カンパーイ！
えっスーゲー!!!

Conclusion

あとがき

ワインのことがわかっても、人生は変わりませんでした。

品位が高くなるわけでも、周囲から一目置かれるようになるわけでも、ましてや異性からモテるようになるわけでもない。もちろん、世の中にはワインの知識を活用することで、人生をうまく渡っている人も一定数いるのだと思いますが、筆者にとっては、ワインが少しわかったからといって、せいぜい「プレゼントに贈るワインはなにがいいか」と友人から相談されるようになったくらいです。それも年に一度か二度。

ただ、一つだけいいことがありました。

それはワインをちゃんと飲もう、味を追いかけようと思ったとき、「味わう」という行為をあらためて知ったことです。

大人になればそれなりに知識や経験が身につくので、美しい景色を見ても、音楽を聴いても、映画を観ても、なんとなく流してしまっている人も多いと思います。

筆者の場合は、ワインもそうでした。いつも会話に夢中だったり、別の考え事をしながら、ただのお酒として、飲み物としてごくごく飲んでいました。それが一度、あらためて自分の時間を止めて、ワインを一口飲んでみたとき、なんか「いいな」と思ったのです。

新鮮な出会いを、忘れてたなって。

それ以来、ワインを飲むとき以外も「味わう」ことが習慣になり、たとえば旅行のときなども、風景はもちろん、その土地のかすかな匂い、光や音にも気持ちを向けられるようになりました。それはなかなかいいものです。

もちろん「見ました」「聴きました」「訪れました」と記念スタンプを押すように、どんどんこなしていくのも人生の喜びでしょう。でも一方で、たまには立ち止まって、じっくり味わうことができるのも人生の喜びだと思うのです。

ぜひこの本を読んでくださったみなさまも、たった一口のワインのために時間を止めて、「いいな」と思う瞬間をたくさん味わっていただけたら幸いです。

この本ではイラストレーターの山田コロさんの卓越したセンスをお借りして、ぶどうの品種の性格を「学園生活」というファンタジックな世界観で表現してみました。

どなたにでもスムーズに理解していただけるよう味や香り、特徴などはあえて極端に表現しておりますが、感じ方は人それぞれ、あくまでも筆者なりの解釈だとご理解ください。

みなさまがお気に入りの「品種」と出会い、すばらしい関係を築けることを祈っております。

ワインの試飲
いかがですかー

【参考文献】

『つい誰かに話したくなる　クイズワイン王』葉山考太郎：著（講談社）
『今日はこのワイン！　24のブドウ品種を愉しむ』
野田幹子：著（日本放送出版協会）
『ワイン基本ブック　（ワイナートブック　わかるワインシリーズ）』
ワイナート編集部：編集（美術出版社）
『ワインの基礎知識』若生ゆき絵：著（新星出版社）
『贅沢時間シリーズ　ワイン事典』遠藤誠：監修（学研パブリッシング）
『食の教科書　ワインの基礎知識』柳忠之：監修（枻出版社）
『読めば身につく！　これが最後のワイン入門』山本昭彦：著（講談社）
『男と女のワイン術』伊藤博之・柴田さなえ：著（日本経済新聞出版社）
『知識ゼロからのワイン入門』弘兼憲史：著（幻冬舎）
『Wine：A Tasting Course』Marnie Old：著（DK）
『ゼロから始めるワイン入門』
君嶋哲至：著／辰巳琢郎：監修（KADOKAWA）
『月刊少女野崎くん　公式ファンブック』
椿いづみ：原作／スクウェア・エニックス：企画・制作
（スクウェア・エニックス）
『神の雫（モーニングKC）』亜樹直：原作／オキモト・シュウ：画（講談社）

本書を制作するにあたり、上記の書籍を参考にさせていただきました。
この場を借りて心より御礼を申し上げます。

図解　ワイン一年生

2015 年 12 月　1 日 初版発行（2016 年 1 月に一部改訂）
2025 年　2 月 21 日 第 27 刷発行（累計 16 万 7 千部※電子書籍を含む）

著　　者　小久保尊
イラスト　山田コロ

デザイン　井上新八
営　　業　二瓶義基（サンクチュアリ出版）
編　　集　橋本圭右（サンクチュアリ出版）

特別協力　岩見大輔（ピーロート・ジャパン株式会社）

発行者　鶴巻謙介
発行所　サンクチュアリ出版
〒 113-0023 東京都 文京区 向丘 2-14-9
TEL03-5834-2507 FAX03-5834-2508
https://www.sanctuarybooks.jp
info@sanctuarybooks.jp

印刷　株式会社　シナノ パブリッシング プレス